DU

MOUVEMENT SOCIAL.

PARIS, TYPOGRAPHIE PLON FRÈRES,
RUE DE VAUGIRARD, 36.

DU

MOUVEMENT SOCIAL

PAR

GUSTAVE DE LA TOUR.

PARIS

JACQUES LECOFFRE ET Cⁱᵉ, ÉDITEURS,

RUE DU VIEUX-COLOMBIER, 29,

CI-DEVANT RUE DU POT-DE-FER-SAINT-SULPICE, 8.

1848

Nous entrons dans une ère nouvelle. Aujourd'hui, pleine de difficultés, de souffrances et de périls, elle peut devenir féconde en bienfaits et en compensations, si nous savons les mériter. C'est du moins ma conviction. Mais à peine mis à l'épreuve, nous faiblissons déjà. La confiance et la satisfaction se peignent encore sur quelques visages ; le découragement et l'angoisse sont au fond de presque tous les cœurs. La société française ressemble à une personne enlevée subitement dans un aérostat, laquelle est par instants ravie du spectacle grandiose qu'elle découvre, mais qui fait mentalement un acte de contrition, regrette la terre ferme et murmure à part soi : « Je suis perdue. »

De tels sentiments sont excusables ; car au début de notre périlleuse navigation aérienne, nous paraissons abandonnés au souffle du hasard et de l'erreur. Cependant, il importe d'empêcher le découragement et l'impatience de s'emparer de nos âmes; il est nécessaire que nos yeux s'affermissent, afin que nous sachions reconnaître la nature du monde nouveau vers lequel la tempête nous pousse, et que nous puissions chercher de sang-froid les moyens d'y atterrir. Dans cette crise douloureuse et décisive, si quelques réflexions inspirent à l'un d'entre nous du courage pour le présent et de l'espoir pour l'avenir, il doit les communiquer à ses frères. C'est pourquoi je viens présenter ici quelques idées, en définitive consolantes, sur le mouvement social qui nous entraîne. Elles s'appuient en général sur des principes ou sur des faits irrécusablement établis : cela me permettra de les exposer d'une manière succincte et rapide. Ayant le dessein d'esquisser un tableau d'ensemble, je ne veux ni ne dois m'arrêter longuement sur aucun détail.

Où allons-nous ? Comment devons-nous agir ? Voilà ce que je vais examiner à mon tour.

Apprécier la nature et la gravité des périls qui nous menacent, rechercher, indiquer nos chances et nos moyens de salut, tel est donc le but de ce travail.

DU

MOUVEMENT SOCIAL.

I.

Du Progrès et de la Démocratie.

Nous tendons à la démocratie, forcément et passionnément. Est-ce un progrès? est-ce une décadence? les avis sont partagés. La question est capitale ; chaque jour on la discute ; commençons par la traiter et essayons de l'éclaircir.

La société la plus heureuse et la plus élevée est évidemment celle où règne l'ordre social le plus parfait, où l'on jouit d'une aisance presque universelle, où l'on possède tous les bienfaits d'une civilisation très-avancée.

Mais qu'est-ce que l'ordre social le plus parfait? C'est sans doute celui qui répond le mieux aux prescriptions de la justice, de la charité et de la raison.

Éternelle protectrice du faible contre le fort, la

justice consacre trois espèces de droits : ceux qui président aux relations des peuples entre eux ; ceux qui déterminent les rapports de la nation à ses chefs, et ceux qui mettent les individus à l'abri de la violence.

Les premiers droits, que l'on nomme internationaux ou droits des gens, commandent l'observation des traités et humanisent la guerre ; ils autorisent chaque peuple à se gouverner à sa fantaisie, à contracter des alliances, à faire la guerre ou la paix ; ils défendent aux nations plus puissantes d'intervenir dans ses actes, à moins que ceux-ci ne soient manifestement criminels, insensés, et que le contre-coup ne s'en fasse funestement sentir au delà des frontières.

Les deuxièmes droits, qui sont les droits nationaux ou du peuple, établissent que la nation n'est pas esclave du pouvoir, mais que le pouvoir est vassal du peuple ; et ils proclament que toute nation peut modifier son gouvernement, changer et déposer ses chefs aussi souvent que ses intérêts l'exigent.

Les troisièmes droits, individuels et de famille, protégent, dans les pays aristocratiques, le plébéien contre le noble ; dans les démocraties, le noble contre le plébéien, et partout le sexe faible contre le sexe fort, l'enfance et la vieillesse contre l'âge mûr, la propriété contre le vol, les convictions religieuses contre l'intolérance, l'indépendance de la pensée et de la parole contre les ombrages et les caprices du pouvoir.

Le droit, en général, c'est la voix de l'immortelle justice, qui enseigne sans cesse à notre âme la loi de Dieu lorsque nos passions se taisent, et que les lois humaines doivent fidèlement interpréter.

Entre la justice et la liberté, il y a cette intime corrélation que la première est la cause et la seconde l'effet.

La charité est le complément de la justice. Elle nous ordonne de considérer tous les hommes comme nos frères et d'alléger selon notre pouvoir les maux de ceux d'entre eux qui souffrent. C'est elle qui recueille l'orphelin et en fait un membre utile à la société contre laquelle il se serait révolté plus tard, si on l'avait laissé dans l'abandon ; c'est elle qui se glisse auprès du coupable que la justice a frappé, qui émousse peu à peu dans son âme les désirs de vengeance, qui le régénère par l'amour et le réhabilite par le repentir ; c'est elle qui commande l'oubli des injures et par là contribue puissamment encore au maintien de la paix dans l'État et au sein de la famille ; c'est elle qui, nous entraînant aux actes de dévouement, nous défend le plus efficacement contre l'orgueil, l'égoïsme, le sensualisme ; c'est elle principalement qui nous rend capables de faire le bonheur du foyer domestique et la véritable force de la patrie.

La raison, enfin, la plus précieuse des facultés de notre âme, nous dirige dans l'exercice de la justice et de la charité : elle nous indique les cas extraordinaires où l'on doit momentanément transgresser certains droits et nous éclaire sur les actes charitables qu'il serait pernicieux d'accomplir.

Si l'on admet ces définitions, l'ordre social le plus parfait, c'est la démocratie; car la vraie démocratie n'est autre chose que l'union selon la raison, dans la justice et la charité, puisque c'est un régime sous lequel il n'existe plus de castes, d'individus, de corporations privilégiés, sous lequel les charges et les droits sont également répartis, sous lequel chaque citoyen devient peuple dans la plus large acception du mot.

Par conséquent, la première condition du progrès pour une nation, c'est d'avancer tranquillement vers la démocratie.

Mais il peut advenir aussi qu'un sanglant et terrible bouleversement de l'ordre établi soit une amélioration de l'ordre social.

Si, par exemple, la révolution tentée à la mort d'Alexandre par les libéraux moscovites avait réussi pleinement et qu'elle eût doté la Russie des libertés religieuses et civiles; si les Polonais étaient parvenus à briser leurs chaînes en 1830 et qu'ils eussent fait un usage sensé de leur indépendance, ces grandes commotions auraient été la source d'un immense progrès social. Si notre révolution de février parvient à fonder en France le régime du droit commun, l'union dans la liberté, nous devons la bénir comme le plus heureux des grands événements du siècle.

Une révolution, pour un pays, c'est donc comme la transplantation pour un arbre. Déplacé à contretemps ou mis dans un terrain stérile, l'arbre pâtit et souvent meurt : transplanté, au contraire, par des mains habiles, en saison opportune et dans un sol plus convenable, il ne souffre qu'un moment; bientôt il plonge de nouvelles racines dans le terrain meilleur et se développe avec une vigoureuse promptitude.

Si la démocratie est la conquête la plus précieuse que les peuples puissent faire, le despotisme est assurément l'obstacle le plus grave que rencontre le progrès social; mais le despotisme a un triple nom et un triple caractère, selon qu'il est exercé par un seul homme, par une oligarchie ou par la foule. De toutes les tyrannies, le despotisme des masses, la démagogie, est la plus dangereuse et la plus atroce.

Lorsque des masses ignorantes et jalouses s'insurgent contre des castes supérieures, dans le but unique de se venger d'une longue oppression et de s'emparer d'un riche butin, le mouvement n'est pas démocratique, mais démagogique; et si l'insurrection triomphe l'ordre social est encore plus profondément lésé qu'auparavant. Pour qu'il y ait progrès réel dans un pays, il faut donc que le sentiment des devoirs se grave de plus en plus dans la conscience du peuple, en même temps que la connaissance du droit. Une religion pure et sainte est seule capable de faire luire ensemble ces deux lumières. Aussi « progrès social » est-il presque synonyme de « progrès religieux. »

Par conséquent, saper tyranniquement une religion sainte, vivifiante et moralisatrice, pour lui substituer un schisme abrutissant ou bien l'incrédulité, sans avoir d'autre but que la vengeance ou la spoliation; s'efforcer de renverser un pouvoir établi; chercher à conquérir des pays voisins parce qu'ils sont les plus faibles; les maintenir dans un injuste asservissement; s'arroger ou conserver sans nécessité une autorité despotique, c'est attaquer grièvement et directement l'ordre social.

Par conséquent, souffrir (lorsqu'on pourrait l'empêcher par des moyens rationnels et chrétiens) qu'un peuple, un prince ou des individus tyrannisent les consciences, corrompent les mœurs, altèrent les croyances religieuses, décrètent ou fassent exécuter des lois contre la propriété, c'est forfaire au devoir social.

Par conséquent, travailler à la propagation de la religion, au respect de la morale, au triomphe de la liberté, c'est accomplir la première des obligations sociales.

Mais nous avons encore d'autres obligations envers la société, car il existe des conditions secondaires de progrès social; ce sont : l'accroissement du bien-être matériel, le développement de l'industrie et la diffusion d'une solide instruction dans toutes les classes de la société.

Ainsi les innovations qui facilitent les communications entre les hommes sont d'efficaces instruments de progrès. En effet, la boussole et l'imprimerie ont contribué puissamment à l'expansion des idées de morale et de justice sur lesquelles repose le bonheur public. La vapeur aussi diminuera beaucoup les dernières barrières qui séparent les peuples. Grâce à elle, déjà les préjugés nationaux s'amoindrissent; on se visite, on se recherche, on apprend mutuellement à se connaître, à s'aimer ou à se respecter; les intérêts se confondent; on se familiarise avec les langues modernes; les idées s'universalisent. Les guerres deviendront nécessairement plus rares à cause de leurs effroyables conséquences. Lorsque le réseau de voies de fer aura été terminé sur le continent, si des hostilités éclatent entre deux nations, presque tous les adultes masculins des deux pays s'entre-heurteront sur les frontières : un carnage horrible s'ensuivra et décidera peut-être en quelques heures du sort des belligérants. Il est présumable qu'au-

cune puissance ne s'exposera volontiers à une si terrible épreuve, d'autant plus qu'aujourd'hui le réveil
des nationalités rend bien lourd le fardeau des conquêtes accomplies. La vapeur est donc un élément
de paix universelle, bien qu'elle ait décuplé la force
de la Russie, c'est-à-dire du seul pays de l'Europe
qui soit en position d'ambitionner de vastes conquêtes continentales.

Le christianisme, la boussole, l'imprimerie et la
vapeur nous donnent un immense avantage sur la
civilisation romaine; celle-ci surpassait elle-même la
société grecque, qui s'était élevée bien au-dessus de
la condition sociale de la Perse et de l'Égypte; il
faut donc admettre que, au point de vue matériel
comme sous le rapport moral, le progrès est continu
depuis la création du genre humain.

Il est vrai qu'il y a des phases de transition où
l'amélioration est ralentie pendant longtemps par la
prédominance de quelques erreurs : il y en a d'autres
où le développement est même brusquement arrêté par
des invasions de barbares. Mais, dans ces torrents qui
débordent par le monde, ne faut-il pas reconnaître
un courant salutaire dont la Providence se sert pour
renouveler un air vicié? C'est par la lutte et le
malheur, sources de force et de repentir, que Dieu
régénère la race humaine. Ainsi l'invasion des ariens
a retrempé dans le sang de nouveaux martyrs le
christianisme qui s'étiolait, et a effacé de l'Europe les

infamies d'une civilisation décrépite; ainsi l'islamisme, devenu terrible, a produit les arts, la chevalerie et fomenté la dévotion du moyen âge; ainsi le dictatorat d'une horde panthéiste, en 1793, a derechef ravivé le sentiment religieux et presque totalement détruit l'idolâtrie monarchique.

Il ne faut donc jamais désespérer de l'avenir du genre humain. Quand Dieu frappe un peuple ou une génération, c'est que le culte des plus viles passions les ont gangrenés. Leurs successeurs reprennent la voie du progrès avec une juvénile énergie. Parmi ces flots d'hommes que la conscience pousse en avant, Dieu proscrit tout mouvement rétrograde : le flot qui s'arrête et veut reculer est soudain absorbé, dépassé par une vague plus haute et plus rapide.

La génération actuelle a-t-elle assez démérité pour être exposée à une telle submersion? La civilisation franco-romane doit-elle disparaître sous l'invasion de nouveaux barbares vomis par les steppes du Nord ou par les bouges de nos grandes cités? Le xixᵉ siècle est-il destiné à offrir à la postérité le spectacle d'un immense désastre? — On pourrait se prononcer sur-le-champ pour la négative si l'on devait seulement considérer les actes du demi-siècle qui sera bientôt écoulé et les comparer à l'époque précédente. Combien il serait alors facile de prouver que ce dicton vulgaire, « Le bon vieux temps, » n'est pour nous qu'un ridicule paradoxe! On rappellerait d'éclatants triomphes de la religion sur l'incrédulité, des idées libérales sur le despotisme; on montrerait les liens de famille affermis, les lois épurées, le clergé réformé, l'industrie développée, l'instruction plus répandue, des sciences nouvelles créées et appliquées au bien-être de la société, et l'on conclurait avec orgueil : « Voilà les œuvres accomplies par la première moitié du XIX° siècle! Bien différents de nos devanciers, nous avons ardemment travaillé à l'émancipation des races, des castes, des individus dont les droits avaient été méconnus et lésés; nous nous sommes énergiquement adonnés à la culture des arts et des sciences utiles; loin d'encourir un châtiment, nous méritons donc une récompense. »

Mais là n'est pas toute la question. Si l'usage que la génération présente a fait de ses éminentes facultés a peut-être été suffisamment méritoire pour qu'il nous soit permis d'espérer en la miséricorde divine, il n'en faut pas moins reconnaître que les bons côtés de notre siècle ont été ternis par des égarements inexcusables. Nous devons nous résigner à les expier par des souffrances : car « chaque vice porte sa peine, » ainsi que l'observe saint Augustin, en cela d'accord avec l'histoire. Les grandes époques auxquelles on peut comparer l'ère actuelle ont eu aussi leurs défauts; elles les ont expiés par des infortunes. Prenons pour exemple le XVII° siècle. Il a

souffert, encouragé, flatté l'intolérance, l'empiéte-
ment du pouvoir civil sur l'autorité ecclésiastique,
le despotisme, quelquefois même la cruauté dans la
personne de ses potentats; il a été châtié par les
horreurs de la guerre de Trente-Ans, par le martyre
de l'Irlande, par des troubles graves en Angleterre,
en France, en Pologne, en Hongrie, en Russie. Dans
tous les âges du monde, nous trouverions ainsi la
gloire et le bonheur proportionnés aux vertus et les
châtiments en rapport avec les vices.

Notre siècle possède deux qualités; on pourrait
presque dire deux vertus éminentes : l'amour de la
justice et la passion du savoir. Celle-ci nous a dotés
de ces brillantes découvertes, qui ont si largement
étendu le domaine de notre intelligence et si nota-
blement amélioré le bien-être universel. A toutes les
deux ensemble, nous devons la reconstitution des
nationalités, les tendances à l'unité de foi, l'acheminement hardi vers la démocratie, les propensions
à la confraternité des peuples, toutes les heureuses
innovations politiques et morales dont nous sommes
témoins.

Mais notre époque a un vice capital, l'orgueil de
l'esprit. De cette source empoisonnée découlent et le
rationalisme, et le pseudo-libéralisme, et ces folles
théories communistes, et ces perverses aspirations
démagogiques, qui menacent d'anéantir la civilisation européenne.

Pour justifier cette assertion, je dois démontrer l'origine et esquisser l'histoire de nos égarements. Peut-être sera-t-il possible ensuite d'apprécier avec quelque justesse le péril que nous courons et les épreuves qui nous attendent.

II.

Du Pseudo-libéralisme.

L'orgueil de l'esprit n'est pas un vice propre à notre siècle; il a commencé à prédominer dans la société dès la renaissance.

Le principal défaut de nos aïeux du moyen âge, c'était l'orgueil de la force. Ils possédaient l'humilité d'esprit et la simplicité de cœur ; aussi leurs œuvres unissent-elles la grandeur à la naïveté. L'amour de Dieu, la foi religieuse se révélaient souvent jusque dans les égarements de leurs passions grossières. Très-incomplète, même sous le rapport de la religion, leur éducation était du moins foncièrement chrétienne. Si l'imprimerie avait été inventée au moyen âge, la plupart des grands génies de l'époque, au lieu de se tourner vers les armes, se seraient probablement adonnés à l'étude et à la propagation des sciences chrétiennes. La civilisation eût alors fait des progrès rapides et stables, parce qu'ils auraient été fondés sur l'établissement de la paix et de la liberté. Mais, pendant le moyen âge, les sciences

n'avaient pour se produire que la plume des co-
pistes, l'asile des couvents et de rares écoles, souvent troublées par le bruit des armes. Ne pouvant
se développer avec promptitude et avec éclat, elles
furent en général négligées, et l'on estima plus la
vigueur physique que la valeur de l'esprit. Cet orgueil
de la force, qui poussait au mépris des facultés de
l'âme, fut certainement pour beaucoup dans les violences du temps.

Pendant la première moitié du xvi⁰ siècle, l'Italie
devint le champ de bataille de l'Europe. Français,
Allemands, Espagnols, se disputèrent ce pays. Tous
ces peuples furent saisis d'admiration à la vue des
débris de la civilisation romaine, à l'aspect de ces
ruines merveilleuses que les Italiens se plaisaient à
copier d'âge en âge dans la plupart de leurs monuments. L'Italie fit la conquête intellectuelle et morale
de ses conquérants. Comme elle, ils s'éprirent des
langues et des chefs-d'œuvre de l'antiquité. Dans
presque toute l'Europe, l'éducation devint romaine
et grecque, païenne en un mot, de chrétienne qu'elle
était auparavant. Rien n'est vaniteux comme le
demi-savoir. Aussi, à peine eut-on quelque notion
des arts et des sciences du paganisme, que l'on mé-
prisa tout ce que la pensée originale et chrétienne
de ses pères avait créé. L'orgueil de l'esprit, insufflé
par chaque page des anciens, remplaça l'orgueil de
la force, que l'imprimerie et l'usage des armes à feu

venaient d'anéantir. Les mœurs élégantes et volup-
tueuses des hautes classes de l'Italie furent adoptées
peu à peu dans presque toutes les cours de l'Europe.
L'or de l'Amérique, le commerce des deux Indes
favorisèrent le développement du sensualisme. *Savoir pour dominer et acquérir pour jouir*, telle fut dès
lors la devise des hommes. Les générations succes-
sives l'ont adoptée jusqu'à nos jours.

L'esprit du temps devenait ainsi radicalement
hostile au christianisme, dont l'essence se résume
en deux mots : humilité et charité. Il était impossible que la renaissance de cet esprit païen n'ex-
posât pas l'Église à de vives attaques, du genre
de celles qu'elle avait eu à soutenir dans ses premiers âges contre le génie de la civilisation gréco-
romaine. Mûr pour la révolte, le siècle attendait un chef. Luther parut. En faveur de l'orgueil
individuel, il déclara que chacun peut interpréter à
son gré les livres saints ; à l'avantage du sensualisme, il proclama l'insuffisance ou plutôt le néant
des œuvres ; au profit de toutes les passions, il abolit
la confession. Aussi toutes les passions s'insurgèrent-
elles à sa voix. Pour lui combattirent les mauvais
penchants du perfide et cruel Henri VIII ; pour lui
milita l'incontinence de ce bizarre landgrave de
Hesse, qui voulut avoir à la fois deux femmes légi-
times, et qui les obtint du réformateur. Mais je ne
dis pas assez. Les mœurs de toute l'Europe civilisée,

les idées prônées et triomphantes alors dans les
sciences, dans la littérature et dans les arts, venaient
en aide à Luther et à ses disciples. Si le catholicisme
n'expira pas alors, c'est une des preuves les plus
manifestes de son immortalité.

Cette divine religion ne pouvait pas disparaître ;
mais son influence sociale s'amoindrit et sa pureté
s'altéra parmi la plupart des peuples mêmes qui lui
demeurèrent fidèles.

Avant la réforme, l'Église avait souvent été affli-
gée de graves scandales ; néanmoins elle n'avait
jamais varié dans sa mission générale de justice et
de charité. Depuis l'établissement de la papauté, la
vie de Rome et de l'épiscopat n'était qu'une lutte continuelle contre les princes tyranniques ou contre les
peuples qui s'étaient soulevés sans justes motifs. Le
souverain pontife exerçait dans les Deux-Mondes le
protectorat du droit et de la morale. Souvent sa
main compatissante émoussait les glaives ; lorsqu'elle
ne pouvait briser les chaînes, du moins elle en allé-
geait fréquemment le poids. Mais quand la réforme
s'arma contre la papauté, le sort du catholicisme
sembla soumis à la décision des batailles. De protectrice, l'Église devint protégée et elle fut forcée d'accepter la tutelle des souverains de l'Espagne, à la
cruauté desquels elle essayait précisément alors d'ar-
racher les restes des peuplades indigènes de l'Amérique. Ces souverains étaient à cette époque les plus

puissants, mais aussi les plus absolus des monarques catholiques. Rome, qui précédemment leur intimait presque des ordres au nom de l'humanité, dut se borner à des conseils, à des supplications le plus souvent inutiles. Dès lors l'absolutisme, le rigorisme et la violence prédominèrent parmi les peuples et parmi les princes, qu'ils fussent protestants ou catholiques. Les nations perdirent peu à peu les libertés dont elles jouissaient et les révoltes n'aboutirent qu'à les plonger dans une plus profonde servitude. Il n'y avait plus au monde de pouvoir modérateur.

Ce n'est pas dans les pays catholiques que la liberté souffrit le plus. Les réformateurs affranchissaient la conscience des lois du pape et des conciles, mais ils lui rivaient d'autres chaînes plus pesantes. Luther avait commencé par enseigner que chaque individu peut interpréter à son gré les livres saints ; mais bientôt il fournit lui-même une explication des textes sacrés : malheur à qui ne l'accepta pas sans contrôle ! Ses plus puissants disciples agirent de même. Calvin, Henri VIII, Cromwell employèrent sans hésiter la torche et le glaive comme moyen capital de persuasion. Loin d'émanciper et de secourir les races opprimées et les classes indigentes, le protestantisme concentra, partout où il prédomina, la richesse et le pouvoir entre les mains d'individus ou de castes privilégiés. Ainsi la Prusse, le Danemark, la Saxe, la Hesse perdirent la plupart des

libertés municipales, des franchises et des garanties
provinciales dont ils jouissaient depuis des siècles :
la Hollande et l'Angleterre devinrent la proie d'une
oligarchie d'industriels ou de commerçants ; et dans
tous ces pays les théologiens appuyèrent par le système du droit divin les tendances absolutistes des
princes.

L'abjuration de Henri IV, l'énergie de Richelieu,
les victoires de Wallenstein, l'éloquence du jésuite
Pazmany (1) et par-dessus tout la force de la vérité
décidèrent la prédominance du catholicisme à l'occident et au centre de l'Europe. Mais, dans les pays
mêmes où la victoire fut la plus éclatante, les intérêts de la religion furent tristement méconnus et
lésés. Habitués à employer la violence contre les
hérétiques, les pouvoirs laïques devinrent presque
partout hostiles à la liberté religieuse et ne respec-
tèrent plus l'indépendance ni la dignité du clergé.
Richelieu ravit à l'Espagne le sceptre de la civilisation et de la politique : courbant toutes les têtes
sous le joug royal, il forma des provinces françaises
un seul faisceau : mais les services éclatants qu'il
rendit aux arts, aux sciences, à l'unité nationale, à
la splendeur de la France, furent obscurcis par la

(1) Pazmany ramena au catholicisme une grande partie de la
Hongrie.

faute qu'il commit de nous inoculer les coutumes et les tendances de l'Espagne, c'est-à-dire l'usage et le goût du despotisme et de l'étiquette. — Espagnol d'éducation et de caractère, Louis XIV mit à profit ces mœurs et ces tendances. De même que Charles-Quint et Philippe II, il possédait à un rare degré les passions et les aptitudes d'un despote : comme eux, il voulut que tout ployât sous son orgueil. Forcée auparavant de s'agenouiller devant un ministre morose, qui la méprisait et la décimait, la noblesse se trouva trop heureuse d'être incitée à l'adoration d'un gracieux et chevaleresque monarque, dont elle était fière et qui la cajolait. Chaque courtisan s'ingénia à exhausser le piédestal de l'idole, afin de la faire paraître plus majestueuse et d'ennoblir ainsi le culte qu'on lui rendait. Le prince idolâtré sut si bien fasciner les esprits que presque tout Français devint courtisan. Séduit lui-même, le clergé contre-signa les dérisoires libertés gallicanes, c'est-à-dire sa propre déchéance, son humiliante servitude. Rome, affaiblie par la réforme, qui lui livrait encore un dernier assaut, fléchit devant la puissance de Louis XIV et devant son immense orgueil. Dès lors la France fut à peu près fermée à la source lumineuse qui jaillit sans cesse du tombeau des apôtres pour raviver dans le monde les racines du christianisme : l'humilité et la charité. Abandonné à lui-même, le clergé français suivit les tendances de la nation et s'entacha d'un fatal despotisme, d'un rigorisme excessif. Il chercha surtout le salut dans une moralité sévère, et relégua sur le second plan la pratique de la charité. Un pharisaïsme austère, l'orgueil d'une sainteté prétendue, se peignit sur les visages des dévots : ils ne virent plus dans le genre humain que deux classes, des réprouvés et des prédestinés, et naïvement chaque dévot se plaça dans la dernière catégorie. Ces tendances aboutirent à une hérésie formelle, au jansénisme, qui représenta le modèle de la miséricorde, Jésus-Christ, comme un Dieu de colère et de vengeance. Ces sombres erreurs gagnèrent plus ou moins presque tous les catholiques de France et infectèrent principalement la magistrature. Le roi lui-même ne put y échapper : ramené par le malheur à la foi, il exagéra la dévotion et transforma sa cour à demi païenne en une espèce de pénitencier monastique.

Ses courtisans ne se ployèrent pas sans peine à ce régime triste et sévère. Aussi, lorsque la régence vint les en délivrer, s'adonnèrent-ils avec frénésie à de scandaleux plaisirs, et se hâtèrent-ils de secouer le frein d'une religion dont on avait fait un épouvantail. Dans leurs salons s'aiguisèrent les traits empoisonnés du moderne philosophisme. Les premières attaques n'allèrent pas jusqu'à saper directement l'ordre social dans tous ses principes. Ainsi Vauvenargues, Montesquieu, Rousseau défendirent ou proclamèrent plusieurs grandes vérités sociales.

Voltaire lui-même conserva quelque temps une certaine réserve dans ses agressions ; mais, bientôt, se passionnant pour la destruction, il attisa les plus dangereux penchants et heurta de ses sarcasmes tout ce qu'il y avait de sacré, de puissant et d'utile. Maupertuis, dépassant Voltaire, professa le panthéisme et soutint cette désastreuse théorie avec toutes les ressources d'une vaste science. La Mettrie et Diderot mirent la dernière main à l'œuvre de dissolution. Tous les deux enseignèrent que le vice, le crime, le remords n'existent que pour l'ignorance superstitieuse, et que la vraie sagesse consiste à satisfaire ses passions. On sait jusqu'à quel point leurs élèves Frédéric et Catherine profitèrent de leurs leçons. Après avoir causé le démembrement de la Pologne et détruit ainsi l'équilibre entre les nations du Nord, les mêmes principes désorganisateurs, adoptés et pratiqués par les révolutionnaires français, anéantirent notre grand parti libéral de 1789, et à la vraie liberté substituèrent chez nous la tyrannie des masses, le pseudo-libéralisme de la démagogie.

Ce grand parti libéral avait commencé à se former vers 1750. D'abord obscur, faible, incertain dans sa marche, il acquit bientôt la conscience de sa haute destinée et grandit rapidement, en même temps que le tiers état, par suite du dévergondage de la cour et des violences exercées contre les parlements. Le droit commun, la souveraineté du peuple, tels étaient les principes que ce parti voulait faire prévaloir. Ce but était si juste et si beau que l'élite de la France se mit bientôt en mouvement pour l'atteindre. Les castes privilégiées elles-mêmes, entraînées par leurs sommités, consentirent à l'abandon de toutes préro- gatives. Mais à peine le parti eut-il remporté cette heureuse victoire que le radicalisme antireligieux, devenant prédominant dans son sein, le jeta dans une série de violences et de folies. Deux mots furent le prétexte et l'excuse de tous ces excès. On venait de proclamer la *souveraineté* du *peuple :* des tribuns revendiquèrent pour la populace seule la qualification de peuple; le mot souveraineté fut expliqué par eux dans le sens de la licence absolue. D'après ces défini- tions, il ne devait plus y avoir de propriété, de pou- voir, de liberté que pour le bas peuple. A ces terribles séductions, la religion seule pouvait opposer une résistance insurmontable; mais il n'y avait plus de religion dans la plupart de nos villes; aussi la po- pulace s'y livra-t-elle sans remords et sans frein à ses instincts grossiers. La noblesse, dont elle avait trop longtemps porté le joug; le clergé, riche, recruté dans ses sommités parmi la noblesse et qui prêchait d'incommodes préceptes; le roi, premier gentil- homme et principal modérateur du pays, furent na- turellement traités en ilotes et enveloppés dans un ostracisme général. Naturellement encore, après ces proscrits, le pseudo-libéralisme populacier poursuivit

partout où elles se rencontraient les aristocraties sur-
vivantes, c'est-à-dire le talent et la richesse. Pendant
cette époque de pillage et de terreur, les vrais libéraux s'étaient dispersés et réfugiés dans les armées
républicaines, chez les Vendéens et les Bretons, ou
parmi les fédérés et les débris de la Gironde. Après
s'être gorgé de sang et vautré dans la débauche, le
radicalisme antireligieux fut décapité dans la personne de Robespierre. De crainte qu'il ne surgît une
seconde tête à la démagogie et qu'elle ne ressaisît la
puissance, le parti libéral, qui s'était un moment
reconstitué, abdiqua, apostasia aux pieds d'un dic-
tateur, et se transforma jusqu'à servir d'instrument
docile à l'ambition de Napoléon.

Arrêtons-nous un moment pour protester contre un
déplorable paradoxe, qui est actuellement à l'ordre
du jour. Nous entendons réhabiliter sans cesse les
démagogues qui démembraient, en 1792, notre premier parti libéral : on nous répète qu'ils sauvèrent
la patrie. Quel inconcevable égarement! Si les libéraux sincères, si les démocrates modérés avaient
conservé le pouvoir, n'est-il pas évident que la
France n'aurait pas même été exposée aux périls de
l'invasion? N'aurait-elle pas, au contraire, joui de
la sympathie de l'Europe entière? Son influence ne
serait-elle pas devenue immense dans le monde?
N'eût-elle pas gardé Saint-Domingue, l'Ile-de-France,
son vaste commerce, sa forte marine? Ne serait-elle

pas probablement aujourd'hui l'exemple et la protectrice de tous les États qui nous avoisinent? —
Nous le demandons aux hommes qui ont étudié sans
parti pris l'histoire de l'esprit public en Europe, est-
il possible de répondre négativement à ces questions?
— Dans le cas même où nous aurions eu la guerre
avec l'étranger, un gouvernement sage et régulier
n'aurait-il pas donné plus de force à nos troupes que
l'omnipotence de ces tribuns désorganisateurs, dont
les soupçons, les grossièretés et les violences poussaient nos généraux à la trahison, dont l'incurie et
l'incapacité laissaient nos soldats dans le dénûment?
Ne fallait-il pas enfin attribuer aux fautes de nos
ennemis nos premiers succès? Il est vrai que les
guerres soulevées par la démagogie furent l'origine
de la gloire de l'Empire; mais si l'épée de la France,
maniée par la main de Napoléon, tailla et construisit
ce château de cartes qu'il nomma Empire français,
peut-on s'en estimer heureux au point de vue du
patriotisme et du libéralisme? Si cet échafaudage
était demeuré debout jusqu'à nos jours, que serait-
il advenu des idées libérales? Sa chute ne nous
a-t-elle pas fait subir deux ruineuses invasions, sans
pourtant effacer chez nos voisins l'appréhension de
nos penchants belliqueux, de notre goût pour les
conquêtes? Que nous est-il resté de l'époque impériale? Quelques monuments, quelques utiles travaux
publics; mais aussi des tendances au despotisme, à

la fonctionocratie et l'engouement de la gloire militaire, c'est-à-dire une opposition innée à tout régime
libéral.

Il faut donc admettre que le règne de la démagogie a été une cause d'affaiblissement pour la
France, une source de périls et d'obstacles pour la
démocratie : mais, en condamnant les principes et
les actes des terroristes, l'historien doit se montrer
quelquefois indulgent envers leurs personnes; car
plusieurs d'entre eux étaient des matérialistes de
bonne foi, qui avaient reconnu les conséquences sociales de leurs principes rationalistes et les mettaient
franchement en pratique. Nous verrons dans un
autre chapitre comment des hommes énergiques et
loyaux ont été amenés de nos jours par les mêmes
doctrines, suivies strictement dans leur application
logique, à prêcher l'égoïsme, à provoquer la tyrannie des masses, l'anarchie, le bouleversement total
de la société.

Un second parti libéral se forma chez nous sous
la Restauration; mais, il faut l'avouer à notre honte,
c'est surtout aux étrangers que nous dûmes cette
résurrection du libéralisme. Qui songeait, en effet,
dans la France impériale, à un régime vraiment
constitutionnel? Qui professait encore chez nous les
principes de la saine démocratie? Presque personne.

Les armes de la liberté, que nous avions abandon-
nées, avaient été ramassées et tournées contre nous
par nos ennemis. Une foule de publicistes étrangers,
pendant toute la durée de l'Empire, prêchaient l'é-
mancipation des peuples et invoquaient contre nous
les droits internationaux. Plusieurs grands poëtes ex-
primaient ces pensées; l'un d'eux même, Kœrner,
leur sacrifiait sa vie. En 1813 et en 1814, on ne
s'entretenait dans le camp des alliés que de régime
représentatif. Les agents anglais attisaient cet enthousiasme en parlant avec fierté de leurs institutions, auxquelles ils attribuaient la grandeur de leur
pays. Les discours marquants prononcés dans leur
parlement étaient du reste au nombre des événements politiques. Le mouvement libéral devint si
universel dans tous les pays coalisés contre nous,
que tous les souverains alliés y cédèrent, plus ou
moins, soit par nécessité, soit par conviction. La
Prusse, la Bavière, le Wurtemberg reçurent la
concession ou la promesse d'assemblées représenta-
tives. Alexandre, lui-même, accorda à la Pologne
une sorte de parlement et garantit les anciens priviléges de la Finlande et de la Livonie, tandis que
François rendait aux Tyroliens presque toutes les
franchises dont ils jouissaient avant la Renaissance.

Louis XVIII ne put se soustraire à cet entraîne-
ment : il octroya la Charte à la France; mais, par le
mode de cette concession même, en ressuscitant le

libéralisme, il s'en faisait un ennemi. Selon la pensée royale, en effet, la Charte n'était pas la formelle reconnaissance de la suprématie de la nation, ni la consécration et la garantie des droits du peuple, mais seulement un prêt révocable, concédé à titre d'essai par le bon vouloir d'un monarque absolu. Du moment que la nation eut accepté la Charte, les fondateurs du parti libéral (1) la déclarèrent imprescriptible, à moins que le consentement national n'en autorisât l'abrogation. Dès lors il s'établit un conflit grave entre le nouveau parti constitutionnel et les arriérés, les courtisans, qui l'emportèrent bientôt dans les conseils de la couronne. La justice et la raison militaient évidemment pour le premier; aussi prit-il un accroissement rapide. Les fautes grossières de ses adversaires les plus exaltés lui furent d'un immense secours. Malgré la Révolution, ces ultra-royalistes n'avaient pas même appris que l'esprit français est essentiellement égalitaire. Une noblesse privilégiée, un clergé servile, entourant et soutenant un trône absolu, telles étaient encore leurs théories politiques et sociales. Aussitôt que ces tendances se révélèrent, la bourgeoisie prit en haine la noblesse et la famille royale. Chaque jour la scission s'accrut et la lutte s'envenima. Bientôt commencèrent aussi les égarements du parti constitutionnel. Il re-

(1) MM. Royer-Collard, Casimir Périer, Foy, Benjamin Constant, Guizot, etc., etc.

çut indistinctement dans ses rangs des impérialistes et des terroristes, pour peu qu'ils fussent voltairiens : pour obtenir un brevet de libéralisme, il suffisait alors d'attaquer le clergé, la noblesse ou la royauté ; les agresseurs les plus acharnés de l'une de ces trois choses devenaient les guides de tout le parti. Comme il fallait à ces chefs l'appui du peuple contre la cour et qu'ils voyaient le clergé dans la dépendance de celle-ci, ils s'attachèrent à diminuer l'influence cléricale en affaiblissant les convictions religieuses. Les congrégations enseignantes sont notoirement l'âme du clergé : elles furent poursuivies avec tant de violence que la cour épouvantée les sacrifia. Rougissant de leur lâche condescendance, les courtisans osèrent défier par les fameuses ordonnances le parti constitutionnel : quelques heures de combat suffirent à celui-ci pour révolutionner la France.

Mais depuis plusieurs années, c'est-à-dire depuis qu'il avait été envahi par le rationalisme, le parti constitutionnel n'était libéral que de nom. Aussitôt après sa victoire, les tendances despotiques, les appétits ambitieux et surtout le radicalisme antireligieux, qu'il nourrissait dans son sein, causèrent sa dissolution. Il se dispersa, et de ses ruines surgirent trois nouveaux partis : les conservateurs, l'opposition dynastique et les républicains.

Les conservateurs se serrèrent étroitement autour du nouveau trône. Actifs dans le calme, disciplinés dans le dévouement, ils opposèrent longtemps à leurs adversaires, devant les barricades comme à la tribune, une indomptable résistance. J'oserai dire que la création de ce parti et sa ferme attitude furent probablement un bonheur pour le pays. En effet, si les républicains avaient alors triomphé, une conflagration générale aurait éclaté en Europe : or les opinions libérales avaient en ce temps-là trop peu de racines en Allemagne et en Italie pour que nous n'eussions pas eu contre nous toutes les puissances continentales. D'une autre part, à l'intérieur, les idées monarchiques étaient encore si répandues qu'elles eussent nécessairement suscité des insurrections terribles : comme le peuple des grandes villes avait alors l'Église en haine ou en suspicion, nous aurions probablement vu recommencer les jours de 1793. Il est présumable qu'une dictature militaire aurait surgi définitivement de tous ces conflits. Les conservateurs remplirent donc, à mon avis, une utile mission, en ajournant l'avénement de la république. Grâce à eux la confiance et la paix se rétablirent; le commerce et l'industrie prirent un étonnant essor. Ces services furent récompensés par le corps électoral en 1846; mais la sympathie témoignée alors aux conservateurs était en outre fondée sur leurs promesses. Ils déclaraient presque tous que l'instant était venu d'entrer dans la voie des réformes : ces déclarations avaient été prises au sé-

rieux par le pays. Donner à la France la liberté religieuse, une éducation morale, une bonne instruction
primaire et professionnelle; restituer aux Français
le protectorat du catholicisme par tout l'univers; déterminer la prompte colonisation de l'Algérie; réor-
ganiser l'armée de manière qu'elle fût moins coû-
teuse et plus forte; rétablir l'équilibre dans les
finances, et pourtant imprimer à l'agriculture et au
commerce un plus rapide développement, et néanmoins accorder la réforme postale; détruire enfin
dans plusieurs administrations des abus signalés par
le cri public, et cependant simplifier les rouages ad-
ministratifs : tels étaient les progrès dont les uns at-
tendaient sincèrement, dont les autres faisaient sem-
blant d'attendre la réalisation de la part du ministère.
Ces derniers espéraient que le parti conservateur
tout entier faiblirait à la tâche : leur calcul se trouva
juste. Mis en demeure d'aborder la question des
réformes, les conservateurs les éludèrent ou les ajour-
nèrent toutes. Quand ils ne purent pas tourner certaines difficultés, ils en nièrent simplement l'existence. Leur éclatant triomphe électoral, qu'ils re-
gardaient comme un succès décisif, les avait aveuglés des illusions de l'orgueil. Méprisant les plus
justes réclamations, ils prêtèrent seulement l'oreille
à des voltairiens qui prétendaient que les évêques
et les jésuites faisaient tout le mal en demandant la
liberté religieuse, ou à des impérialistes qui vou-

laient transformer la nation française en une armée
d'employés présents, passés ou futurs, tous servi-
lement obéissants. En un mot les conservateurs déclarèrent la guerre à tous les principes de régénération sociale et de progrès libéral : — la révolution
de février n'a pas tardé à les en châtier.

Cette révolution a été faite par les républicains,
mais préparée et amenée par l'opposition dynastique. Il y avait dans ce dernier parti deux classes
de gens.

Les uns, pleins d'intelligence, de dévouement et
de loyauté, connaissaient assez l'histoire et le cœur
humain pour savoir que des réformes politiques ne
sont pas une panacée pour les plaies sociales ; cependant, comprenant la nécessité d'avancer franchement dans la démocratie, ils voulaient y pousser
graduellement le gouvernement, en obtenant pour
le prolétariat de larges concessions. Bien loin de
déifier l'orgueil individuel sous le nom de raison,
ils comprenaient qu'aucune amélioration réelle ne
peut s'établir que sur une base religieuse. Ces sages
et dévoués citoyens étaient peu nombreux ; mais
leur talent et leur activité leur acquéraient une
grande importance. Aujourd'hui, franchement ral-
liés au mouvement républicain, ils contribueront, il
faut l'espérer, à le maintenir dans la bonne voie.
Ces chrétiens sincères, ces vrais libéraux paraissent
destinés à rendre au pays d'éminents services.

Malheureusement les rationalistes étaient en grande majorité dans l'opposition dynastique. Ceux-ci demandaient seulement les réformes qui semblaient devoir tourner exclusivement à leur profit. Ils parlaient sans cesse d'augmenter à l'extérieur l'influence française, et voulaient sacrifier la Turquie à la Russie ou à l'Angleterre, au prix d'une éphémère et fallacieuse alliance. Ils poussaient la France à défendre partout l'irréligion tyrannique, au lieu de l'engager à protéger le catholicisme libéral. Ils attaquaient indistinctement tous les actes de leurs rivaux politiques, même lorsque ceux-ci représentaient la France vis-à-vis des étrangers. Ils flattaient enfin sans cesse les préjugés des masses et fomentaient sans relâche cet esprit étroit et dénigrant, cet esprit d'intrigue, de coterie, de faction, que par euphémisme on nomme esprit de parti. Ces pseudo-libéraux, aveuglés par l'ambition et l'amour-propre, ne supposaient apparemment pas que la France pût être préoccupée d'autres souhaits que de voir le pouvoir entre leurs mains; car ils n'avaient nullement aperçu les progrès du socialisme, et la révolution de février a été pour eux la foudre tombant d'un ciel serein.

La transformation opérée depuis peu d'années au sein du parti républicain était pourtant de nature à frapper non-seulement les hommes d'État, mais tous les esprits sérieux.

Pendant dix ans, de 1830 à 1840, les républicains n'avaient fait que perdre du terrain : c'était une conséquence de leurs fautes. Une belle carrière s'ouvrait devant eux après la révolution de juillet. Ils devaient prendre modèle sur l'Amérique du nord : professer l'amour de toutes les libertés et surtout la tolérance religieuse; demeurer unis, calmes, dignes; ne jamais sortir de la légalité; condamner tous les égarements de notre première révolution; ne la défendre, ne l'accepter que dans ses gloires sans tache et ses bienfaits. Cette conduite les eût infailliblement menés à leurs fins par la prédominance parlementaire, et l'Europe serait aujourd'hui pleine de confiance dans l'avenir. Telles étaient aussi les idées d'Armand Carrel et d'un petit groupe d'élite. Mais la plupart se faisaient les plagiaires de nos conventionnels les plus justement décriés; ils ne voulaient employer de moyens que la violence; leurs organes outrageaient quotidiennement ce qu'il y avait de plus utile et de plus saint dans la société : aussi devinrent-ils pour le peuple même un objet d'indifférence ou de terreur, et leurs tentatives de révolution ne servirent qu'à constater leur impuissance.

A dater de 1840, les théoriciens enlevèrent aux sabreurs la direction du parti. Les deux écoles d'Armand Carrel et de Buchez commencèrent alors à pénétrer lentement, mais profondément, dans la région des intelligences. Toutes les deux étaient d'accord pour chercher à nous inoculer les mœurs simples et l'ardent patriotisme qui conviennent à la démocratie. Elles combattaient avec énergie la vénalité, la courtisanerie, le goût des honneurs et du luxe ; elles demandaient que l'on maintînt partout bien haut le drapeau de la France. Il y avait entre elles néanmoins une notable différence. La plupart des disciples d'Armand Carrel, peu fidèles à quelques-uns de ses principes, voulaient en général un pouvoir centralisateur et voltairien, au besoin même une dictature militaire : une égalité absolue entre les citoyens, une vaste puissance acquise par d'éclatantes victoires, tels étaient en résumé leurs vœux principaux pour la France. M. Buchez, au contraire, envisageant presque toujours les questions sociales au point de vue philosophique, s'attachait surtout à démontrer que les principes démocratiques sont les seuls justes et vrais, que de toutes les formes de gouvernement la république est la plus rationnelle et la seule qui assure au peuple la jouissance de tous ses droits. Il réclamait pour les ouvriers une aide assez puissante pour qu'il leur fût possible d'acquérir de l'aisance et de l'instruction ; mais il tâchait en même temps de persuader à ceux-ci que le christianisme seul peut les maintenir heureux et libres. En un mot, radical et socialiste, égalitaire jusqu'à un dangereux excès, M. Buchez était pourtant un philosophe chrétien. Depuis longues années il répétait aux classes ouvrières qu'une éducation morale, la libre association dans le travail et une instruction plus étendue sont les moyens capitaux d'affranchissement qu'elles doivent avant tout conquérir; ses conseils déterminèrent la publication de journaux et de livres qui exercèrent beaucoup d'influence sur les ouvriers des grandes villes. Si les vainqueurs de février ont gardé quelque modération après le triomphe, peut-être le doit-on en partie aux disciples de M. Buchez. Cependant ceux-ci n'ont pas en général autant de mesure que leur maître, et ils n'étaient pas les plus nombreux parmi les combattants de février. Les socialistes anti-religieux disposaient dès lors de forces bien autrement considérables.

Le socialisme devait la naissance à l'intention noble et juste d'améliorer la condition des classes indigentes. Il y avait, en effet, de ce côté-là d'immenses réparations à exiger. Tandis que les classes riches gouvernantes, adonnées aux jouissances de l'orgueil et des sens, prodiguaient l'or à des arts frivoles et démoralisateurs, l'ouvrier demeurait sans consolation et sans appui. Condamné à une vie nécessiteuse, à une vieillesse précoce, il voyait croître ses enfants dans l'ignorance et l'abandon. Les riches passaient et repassaient, sans même jeter un coup d'œil sur ses souffrances : ils n'y songeaient pas ou ils en détournaient le regard. Sans doute, parmi les personnes opulentes, il y en avait de charitables;

mais celles-ci ne savaient guère que donner le pain
humiliant et amer de l'aumône. On ne remontait pas
à la source du mal ; on ne faisait rien pour le prévenir. Et cependant le paupérisme croissait en raison de
l'emploi multiplié des machines. A la fin, des hommes intelligents, impressionnables et énergiques,
s'apitoyèrent ou s'indignèrent. Selon qu'ils furent
rationalistes ou chrétiens, ils cherchèrent le remède
dans la révolte ou dans la charité. Des deux côtés,
on adopta pour devise, et peut-être avec la même
loyauté, justice et dévouement ; des deux côtés on
recourut à la puissance de l'association. Il fut facile
à ceux qui voulaient attaquer et punir la société de
réunir de nombreux et terribles prosélytes ; car tant
de griefs réels avaient disposé les ouvriers des
grandes villes à mépriser et à haïr les classes supérieures ! Élevés par des maîtres rationalistes, la majeure partie d'entre eux étaient naturellement jaloux
et fiers, sceptiques et fougueux. Les écrits socialistes
qui les excitèrent à la vengeance tombèrent sur ces
esprits inflammables comme l'étincelle sur la poudre.
« Ne souffrons plus, » disaient ces écrits, « qu'un
» privilége de naissance permette à une faible por-
» tion du genre humain de vivre dans l'oisiveté, en
» exploitant la sueur de ses frères. Celui qui tra-
» vaille a seul droit à la richesse. Travailleurs (1),

(1) Ce mot *travailleurs*, mis à la mode par les socialistes, est
une expression singulièrement dangereuse. Entendant désigner

» le capital est votre bien. Coalisez-vous pour l'en-
» lever aux mains égoïstes et paresseuses qui le
» possèdent aujourd'hui. Lorsque vous vous serez
» emparés de la fortune publique, agissez en frères.
» Mettez tout en commun. Vous nommerez des chefs,
» chargés de la répartition, qui donneront à chacun
» selon ses besoins. Il faut que la fraternité remplace
» l'égoïsme de l'individu et de la famille : alors l'ai-
» sance et le bonheur de tous les citoyens seront assu-
» rés. » Ces incitations et ces promesses furent écou-
tées avec tant d'avidité qu'un vaste complot socialiste
s'organisa. Les ultra-républicains y entrèrent et adop-
tèrent presque toutes les idées communistes avan-
cées. On n'attendait qu'une circonstance pour éclater.
Le banquet de février s'est offert. On a mis l'occa-
sion à profit avec autant d'audace que d'habileté.
Ultra-républicains et socialistes anti-religieux sont
devenus en quelques heures maîtres de Paris et de
la France.

Après la victoire, sous prétexte de prévenir et de
déconcerter tout essai de réaction, ces hommes égarés et violents, devenus presque omnipotents dans

par ce terme les hommes qui vivent d'un labeur manuel, les classes ouvrières doivent naturellement penser que les autres ne font
rien, qu'ils sont inutiles dans la société. Or, c'est tout le contraire :
les hommes livrés aux labeurs de l'intelligence sont les dispen-
sateurs et les régulateurs de la somme totale de travail qui se produit dans la société. Lorsque des attaques violentes paralysent
leur action, tout travail s'arrête à la fois.

le gouvernement provisoire, ont bouleversé le pays,
qui avait seulement soif de calme et d'ordre. L'histoire sera probablement sévère à l'égard de ce dé-
cemvirat de soixante-dix jours. Il n'a pas versé de
sang, parce que nulle part on ne lui faisait de résistance sérieuse ; mais il a ruiné le crédit par des choix
honteux et des illégalités révoltantes. Cédant à la
pression que la démagogie exerçait sur lui, ce gouvernement pseudo-libéral est parvenu réellement à
susciter dans le pays et à l'étranger une réaction
contre les intérêts de la démocratie. Aujourd'hui,
les réformes sociales les plus urgentes sont remises
en question. La devise de la République : *Égalité*,
Fraternité, *Liberté*, est moins que jamais pratiquée.
L'horizon se charge de nuages : et cette ère qui
contient tant d'éléments de paix, paraît destinée à
être témoin de luttes générales et terribles (1) ; car
la France et l'Europe tendent à se diviser en deux
grands partis sociaux, l'un qui s'attaque aux riches,
et par conséquent aux sources de la richesse, le travail et la science ; l'autre, qui veut sauver la civilisation européenne, menacée par des ambitions insa-
tiables et par d'effrayantes utopies.

De ce coup d'œil rétrospectif sur l'histoire du

(1) Ceci était écrit avant les sanglantes journées de la Saint-
Jean.

pseudo-libéralisme ressort un enseignement digne de remarque. C'est que tous les grands partis politiques ou sociaux doivent la naissance à une pensée juste ou à un noble sentiment; c'est que tous s'organisent pour défendre une vérité méconnue ou un droit violé. D'abord faibles, méprisés du pouvoir, ils font de pénibles et longs efforts pour dissiper l'indifférence publique. Enfin ils parviennent à posséder, à grouper ensemble un nombre considérable d'hommes énergiques, réfléchis et dévoués. La lutte s'engage vivement, au nom de la raison et de la justice, contre les violences et les abus. Mais, à mesure que le combat s'échauffe, et qu'ils se multiplient, les assaillants écoutent moins la sagesse que la témérité. De là vient que des hommes passionnés et fougueux s'emparent de la direction du parti. Ces chefs lui impriment une impulsion si véhémente que ses ennemis sont bientôt vaincus : mais, s'il a hâté le triomphe, l'emportement de l'assaut fait aussi que l'on dépasse le but. La confusion se met parmi les vainqueurs. Ils oublient, ils méconnaissent une partie des principes auxquels leur association a dû l'existence et le succès. Ils s'entre-battent pour le partage du butin. Des ambitions outrecuidantes, des mécomptes amers, des jalousies haineuses jettent la division entre eux. Alors une réaction s'organise contre les éléments de ce grand parti disloqué, renégat, et elle finit par l'anéantir.

C'est ainsi que nous avons vu naître, se développer, vaincre et s'évanouir le parti libéral de 1789, celui de 1828 et le parti conservateur. C'est ainsi que nous avons vu s'organiser nos républicains de la veille, les unitaires de la Suisse, de l'Allemagne, de l'Italie, les repealers irlandais, les chartistes anglais, les socialistes de tous les pays. Nous pouvons donc présumer que tous ceux de ces grands partis qui n'ont pas encore triomphé verront arriver l'heure d'un succès momentané; mais il n'est pas moins probable qu'après le triomphe ils ne tarderont pas à décliner et à périr presque tous; et leur chute viendra d'une seule et même cause; de ce qu'ils ne se seront pas appuyés sur le seul principe immuable de raison, de justice et de charité qu'il y ait au monde: le pur christianisme.

Ainsi le passé s'accorde avec le présent pour démontrer que le lien d'une religion sainte est seul capable de maintenir dans les associations, dans les agglomérations d'hommes, l'union, la force et la vitalité, et pour donner aussi des preuves éclatantes que tous les partis s'emportent, s'égarent et se désunissent du moment que le rationalisme y prédomine.

D'après l'histoire de notre expérience journalière, reconnaissons donc le rationalisme comme l'agent principal des maux qui depuis trois siècles ont affligé la France et la société. Si la réforme a pesé d'un

poids terrible sur les destinées du monde; si le gal-
licanisme a soumis et soudé l'autel au trône; si le
jansénisme a fait haïr le catholicisme; si le philosophisme du xviiie siècle a causé l'avortement de la
démocratie en 1792 et l'affaiblissement de la France;
si tous nos partis politiques sont devenus ennemis
de la liberté; si les erreurs du socialisme menacent
d'anéantir la civilisation, toutes ces fautes, tous ces
malheurs ont une seule et même source, l'orgueil de
l'esprit, le rationalisme païen, qui n'a cessé de prédominer en Europe depuis la renaissance.

III.

De la situation et des tendances sociales en France.

Examinons maintenant jusqu'à quel point la société française actuelle est entachée des vices et des faiblesses que nous venons d'apprécier : recherchons sommairement quelles sont chez nous la situation et les tendances de la noblesse, de la bourgeoisie, des commerçants, du peuple, du clergé, de la magistrature, de l'armée, de l'université.

Depuis soixante ans, trois révolutions ont frappé successivement notre ancienne noblesse. Appauvrie, démembrée et presque anéantie, est-elle devenue très-sage ? comprend-elle parfaitement les exigences de l'époque et le mouvement de son pays ?

On ne peut répondre tout à fait affirmativement à ces questions. Grâce à l'élévation de ses sentiments, la noblesse française est foncièrement libérale ; souvent elle a su défendre son indépendance et garder sa dignité. Elle est actuellement sincèrement dévouée à la justice, à la morale, à la patrie. Mais son caractère sentimental et chevaleresque l'entraîne quel-

quefois à des actes et à des tendances désavoués
par la raison et hostiles à la liberté. Ainsi presque
toute cette classe accepte le principe de la souveraineté nationale ; et néanmoins une partie d'entre elle
demeure attachée au légitimisme qui dénie à la nation le plus sacré de ses droits, la plus précieuse des
libertés. Cette opinion assise sur le paradoxal apho-
risme que, du moment qu'une nation a librement
élu son chef, la couronne devient l'inaliénable hé-
ritage de ses descendants, le légitimisme éloigne des
affaires publiques des hommes qui pourraient être
fort utiles au pays. Ils apporteraient à la discussion
et au maniement des intérêts de l'État la franchise et
le désintéressement qui les distinguent ; leur humeur
sentimentale serait tempérée par l'esprit calculateur
de la bourgeoisie : les deux classes se compléte-
raient ainsi l'une par l'autre au profit de la patrie.

Exilée trop souvent de la vie politique par la né-
faste influence d'un principe faux, une fraction notable de l'ex-aristocratie se dédommage et se venge
généreusement en prenant une part active aux
œuvres de charité sociale, à l'essor de l'agriculture
et de l'industrie. Cependant, il faut l'avouer, ces
bons exemples ne sont pas suivis par la majorité de
la noblesse. Des abondantes aumônes sorties des châ-
teaux, une faible partie seulement est distribuée de
manière à moraliser le pauvre ; et des secours ac-
cordés aux arts industriels la plupart sont des dons

individuels isolés. L'esprit d'association manque à notre noblesse, de sorte que ses largesses lui acquièrent peu d'influence et produisent peu d'effet.

Si cette classe se complaît dans l'indolence et l'isolement, c'est peut-être parce que nos rois ont travaillé pendant six siècles à détruire chez elle l'initiative et l'unité ; si elle a du penchant pour les formes monarchiques et le légitimisme, c'est probablement un reste du rationalisme gallican, qui avait égaré tout le monde au xviie siècle, en promulguant la soumission et la solidaire union de l'autel au trône : ces faiblesses et ces erreurs sont donc bien pardonnables chez des citoyens qui sont d'ailleurs généralement irréprochables sous le rapport de l'honneur et de la probité.

Il y a dans notre bourgeoisie deux éléments non fusionnés encore, les familles d'ancienne date et celles de plus récente origine.

Les premières ont eu beaucoup à souffrir du régime républicain. Alliées presque toutes à la noblesse, dont elles partageaient la plupart des charges et des droits, elles furent persécutées comme celle-ci pendant la Terreur : de là probablement leur effroi instinctif des révolutions et des républicains exaltés. C'était sur elles que nos rois s'appuyaient depuis des siècles pour affaiblir l'aristocratie et pour unir tout le royaume sous une seule législation : de là peut-être

leur sympathie pour la monarchie quasi-absolue,
pour l'administration centralisatrice. Chez cette honorable classe les défauts ne proviennent guère que
d'un amour de l'ordre et d'un sentiment de la discipline excessifs. Elle a fourni depuis cinquante ans
la majeure partie des hauts fonctionnaires de l'État.

Procréée principalement par la révolution de 92,
la seconde partie de notre bourgeoisie se ressent de
son origine. Elle a prêté complaisamment l'oreille
aux pseudo-libéraux qui, sous la restauration,
l'excitaient contre la noblesse et surtout contre les
associations et contre les corporations religieuses ;
c'était bien naturel : on ne pardonne pas facilement
aux gens que l'on a évincés. Depuis lors cette classe
nourrit dans son sein une incorrigible coterie, qui
ne connaît de moyen gouvernemental que la force,
et s'applique sans relâche à populariser ses vues
étroites et égoïstes. Cette coterie se proclame libérale
par excellence, et elle est obstinément hostile à la
liberté de conscience, au droit d'association, à la
liberté d'enseignement, bases essentielles de la démocratie : pourtant elle voudrait voir s'établir partout des institutions démocratiques. Ne connaissant
guère de faits historiques que les victoires de notre
première révolution, romanesquement enflées, elle
s'imagine que la France peut toujours remanier le
monde à sa fantaisie par la force des armes. Erreur
des plus nuisibles au pays ; car si des hommes imbus

de cette présomption sont aux affaires, ils jettent l'État dans une série d'embarras et de périls; et lorsqu'ils sont remplacés par des personnages plus instruits et plus sensés, la conscience que ces derniers ont des dangereuses illusions nourries par une partie de la nation les pousse à une prudence quelquefois outrée.

Dans cette seconde classe bourgeoise dont je viens de parler il existe un grand nombre de citoyens pleins de dévouement et de lumières. Leurs opinions sages et conciliatrices ont de la peine à se répandre autour d'eux, combattues qu'elles sont par l'enseignement rationaliste et les tendances pseudo-libérales de l'Université ; cependant il s'opère dans notre bourgeoisie entière, et surtout parmi celle des grandes villes, une incontestable amélioration.

Notre commerce est actuellement un corps très-honorable ; car il ne faut pas faire tomber sur nos négociants en général la responsabilité des méfaits commis dans les fournitures de la marine et de l'armée, et qui ont donné lieu à la création d'une nuée de surveillants salariés. Nos commerçants unissent généralement à la prudence la loyauté : malheureusement il n'en a pas toujours été de même. Ainsi, après la paix de 1845, nos exportations avaient pris subitement un magnifique essor : notre marine était sortie de ses ruines. Si ce mouvement s'était soutenu nous pourrions rivaliser sur les mers avec l'An-

gleterre. Mais bientôt nos expéditions mercantiles
diminuèrent, puis cessèrent presque et se concen-
trèrent entre les mains de capitalistes d'une probité
reconnue : c'est que nos commerçants avaient inondé
de produits falsifiés les marchés étrangers.

Plein d'intelligence, d'entrain belliqueux, d'amour
pour son pays, le peuple de France est apte aux
grandes choses ; mais il a besoin qu'une bonne éducation sociale le défende contre la versatilité natu-
relle et l'esprit ultra-égalitaire que ses ancêtres lui
ont légué. Actuellement encore il ferait bon marché
de la liberté s'il gagnait à la sacrifier quelques sem-
blants d'égalité. Ceci surtout s'applique aux ouvriers
des villes. Ces tendances, si dangereuses pour le
pays, sont directement opposées aux intérêts des
classes industrielles ; car le remède aux plus grands
de leurs maux c'est la liberté, mais la liberté sincère, complète, absolue. « De même que la sagesse
qui fut demandée à Dieu par Salomon, elle donne à
ceux qui la font respecter dans leur personne et dans
celle des autres la richesse et la puissance. » Ces
aberrations des ouvriers proviennent surtout de ce
qu'ils se laissent facilement entraîner par les gens
plus instruits qui ont avec eux des rapports journa-
liers. C'est ainsi qu'ils ont épousé en partie les préjugés et les passions de nos bourgeois et de nos

(1) M. Baude. Les Ouvriers, *Revue des Deux-Mondes.*

commerçants les moins éclairés. Là où ceux-ci
n'entrent pas en contact avec lui le peuple est excellent. Voyez, par exemple, le pauvre journalier des
champs : il reçoit avec reconnaissance son faible
salaire et s'attache à la famille qui l'emploie ; sa
chaumière est l'asile de la patience, de la résignation, de toutes les vertus qui font le bon citoyen. Je
ne crains pas de le dire : le cœur du peuple français
est une mine de laquelle on peut extraire d'inépui-
sables trésors, si l'on veut se donner la peine de la
déblayer de tous les corps étrangers qui l'obstruent.
En voyant les jeunes artisans des grandes villes
tomber dans quelques bruyants écarts une foule de
pessimistes s'écrient : « C'est une race détestable qu'il
faut gouverner avec une verge de fer ! » Ah ! les cri-
tiques sont souvent les vrais coupables ! Si nous
avions eu soin qu'une éducation affectueuse et chrétienne eût pris ces adolescents à leurs premiers pas,
les eût suivis des salles d'asile aux écoles et aux
ateliers de travail, cette jeunesse turbulente serait
aujourd'hui la force du pays et la joie de la famille.

Le clergé français a eu la gloire de comprendre
qu'une éducation plus chrétienne et une instruction
meilleure des classes laborieuses sont les principaux
moyens de grandeur et de salut qu'ait la France.
Sorti du peuple, le clergé français aime le peuple.
Humble et pauvre, ne voulant de richesse que la
faculté de faire le plus de bien possible, il se dévoue

avec ardeur à l'enseignement et au soulagement des classes nécessiteuses. Quelques instituts religieux l'aident dans l'accomplissement de ses devoirs les plus précieux et les plus touchants. Il n'y a pas au monde un corps où les membres indignes soient comparativement plus rares que dans notre clergé. C'est peut-être seulement chez lui que l'on trouve actuellement en majorité des libéraux consciencieux et des démocrates accomplis. Cependant on lui reproche encore justement un peu de pharisaïsme et de rigorisme. Cette ombre unique est un reste d'influences gallicanes et jansénistes, et en même temps le résultat d'une réaction contre le relâchement clérical du xviiie siècle. Le rétablissement des relations intimes avec Rome efface journellement ce défaut, qui nuit en maintes localités à la popularité du clergé.

Nos ecclésiastiques sont secondés dans leur mission sociale par la magistrature. Il n'existe probablement nulle part une corporation judiciaire équitable et savante comme celle-là. Elle se ressent cependant un peu trop d'avoir été constituée sous l'Empire. En y introduisant pour une partie des emplois le principe électif, on la rendrait sans doute plus franchement libérale et démocratique.

Notre armée aurait besoin de réformes beaucoup plus intégrales que la magistrature. Elle est organisée d'une manière fautive, puisqu'elle absorbe le tiers des ressources de l'Etat, sans être assez forte pour repousser une invasion continentale. On devrait la réduire à 120,000 hommes, mieux payés, recrutés autant que possible par l'engagement volontaire, enrôlés pour dix ans au moins ; consacrer un tiers de ces troupes à la cavalerie ; exercer ensuite soigneusement et fréquemment une garde nationale mobile, composée de 350,000 célibataires de 18 à 25 ans. — C'est une réforme capitale que le bon sens réclame ; car on aurait ainsi des troupes sûres à l'intérieur, puissantes contre l'étranger, et beaucoup moins coûteuses que notre armée actuelle. Si nous examinions en détail l'organisation de celle-ci, nous trouverions bien des côtés faibles. J'en veux citer quelques-uns des plus saillants.

Chez aucune nation civilisée, on ne prend aussi peu de soin des subsistances et de la santé des hommes. « Le soldat doit vivre sur l'ennemi, » dit-on toujours chez nous. Excellent à suivre quand on est vainqueur, ce principe transforme en désastres toutes les retraites, à moins que la guerre n'ait lieu dans un pays prodigieusement riche.

Nous n'avons point de réserve d'habillements ni de chevaux de selle ; notre cavalerie est mal équipée, trop peu nombreuse : la pénurie de la France en montures convenables nous permet difficilement de l'augmenter.

Notre législation militaire est entachée d'un grave défaut : c'est que la pénalité demeure la même en temps de paix comme devant l'ennemi, tandis qu'une sage distinction est établie chez les autres peuples et conserve à la patrie plus d'un brave soldat. Il est vrai que chez nous la grâce du chef de l'État commue généralement la sentence lorsqu'elle est capitale ; mais *c'est alors le pouvoir qui sauvegarde contre la loi*, tandis que *c'est la loi qui devrait sauvegarder contre le pouvoir*. Si l'expérience prouve que la pénalité est exorbitante, inapplicable, pourquoi la laisser subsister ?

Enfin le système d'éducation suivi dans nos écoles militaires est inqualifiable. On y soumet les jeunes gens à des sous-officiers ignorants et brutaux, qui les punissent à tort et à travers, *pour leur former le caractère*. On devrait, au contraire, donner pour surveillants à cette future élite de nos troupes des officiers distingués, qui seraient pour elle des camarades bienveillants et de paternels amis. Au lieu d'amener les élèves à vivre fraternellement ensemble, on laissait jusqu'à l'an dernier les *anciens* infliger cent humiliantes tortures aux nouveaux venus. On les encourage encore actuellement à imiter envers ces derniers l'insultante roideur des adjudants. Que résulte-t-il de l'adoption de ce système ? L'impossibilité de l'esprit de corps dans l'armée, une intolérable et continuelle dépendance des subalternes à l'égard de leurs chefs et le relâchement de la discipline. Dans nulle armée, en effet, les supérieurs ne sont aussi satiriquement contrôlés, ni leurs ordres exécutés d'aussi mauvaise grâce que dans la nôtre. Voyez les troupes anglaises, par exemple : aussitôt que le service est fini, les grades disparaissent; il n'y a plus que des frères d'armes, qui vivent dans une cordiale intimité. Le service est repris : soudain le chef exige une obéissance illimitée; et il l'obtient facilement, parce que ses inférieurs jouissent le reste du temps d'une grande liberté.

Si l'éducation militaire et les mœurs sociales de notre armée laissent tant à désirer, que dire de la manière dont nos enfants sont élevés par l'Université! Prenons cent jeunes gens au sortir de l'internat de nos colléges universitaires : quelles sont leurs croyances, leurs tendances et leurs mœurs? — Leurs croyances, ils n'en ont plus; ou du moins elles sont tellement ébranlées qu'à peine un seul des cent s'astreint encore aux pratiques de la religion. — Leurs mœurs, elles font le désespoir et la honte de leurs parents, lorsque ceux-ci mènent une vie honorable et réglée. — Leurs tendances, c'est d'entrer dans l'armée ou dans une administration, et de se condamner ainsi à la servitude, au lieu d'adopter les belles et nobles carrières indépendantes. Je ne parle pas de leur savoir, il est à peu près nul. On ne leur a guère enseigné que le latin : n'en ayant plus besoin après la réception du diplôme de bachelier, ils s'empressent de l'oublier ; et l'oublier leur est facile, attendu qu'ils n'en ont jamais eu qu'une notion très-superficielle.

D'où provient ce scepticisme qui ronge notre jeunesse et l'expose à l'abrutissement de la débauche avant même la virilité? A quoi faut-il attribuer ce goût de nos jeunes gens pour les emplois salariés, qui habitue le pays à tout attendre de l'administration; tandis que ce serait à l'association qu'il devrait demander son salut? Pourquoi nos étudiants ont-ils en général des manières si inconvenantes? Ne faut-il pas chercher la cause de ces défauts et de ces malheurs dans l'esprit et l'organisation de l'Université? Je n'en suis que trop persuadé.

Nos professeurs et nos maîtres arrivent en effet, à l'École normale, l'âme imbue déjà de préjugés irréligieux, puisés en partie au sein de leur famille et grossis par l'enseignement païen de l'Université. La direction rationaliste imprimée à cette école centrale achève de produire chez la plupart d'entre eux une indifférence absolue en matière de religion. Ainsi la vocation apostolique nécessaire pour élever et instruire des enfants leur manque en général complétement. L'enseignement ou la surveillance n'est pour eux qu'un métier passablement insipide, dont ils remplissent strictement les devoirs pendant les heures exigées d'eux. Ce travail terminé, se rapprochent-ils des élèves? se mêlent-ils à leurs jeux? cherchent-ils à s'emparer de leur confiance pour les tourner au bien? Ils n'y songent pas : ils sont employés et non pasteurs d'âmes. Se rendre agréables aux supérieurs, se faire un nom dans les lettres, avancer enfin, tel est le principal objet de leurs labeurs et de leurs vœux. Ne leur demandez pas la patience ni l'abnégation nécessaires pour redevenir enfants au milieu de leurs élèves : rationalistes, ils sont hommes d'égoïsme et non de dévouement.

Il y a sans doute un bien grand nombre d'exceptions; mais ces maîtres, qui sont pleins d'amour pour la jeunesse, qui connaissent les charges et les devoirs de leur importante profession, peuvent-ils les accomplir avec une entière liberté dans l'intérieur des colléges universitaires? Celui d'entre eux qui deviendrait pour ses élèves l'ami, le compagnon de tous les instants ne serait-il pas vu de fort mauvais œil par ses chefs et ses collègues? Ne l'assaillirait-on pas de continuelles plaisanteries ? Ne lui rendrait-on pas excessivement pénible, pour ne pas dire impossible, la pratique de son excentrique dévouement?...

Et l'Université s'étonne que ses internats soient délaissés par beaucoup de familles pour des pensionnats ecclésiastiques, où pourtant les études sont encore quelquefois moins fortes que dans les colléges laïques, mais où l'enfant reçoit du moins l'instruction du cœur, bien autrement importante que celle de l'esprit. Et l'Université cherche sous tous les régimes à multiplier les entraves, afin que le clergé ne puisse pas acquérir un savoir suffisant pour le professorat. Elle persécute, elle fait proscrire tout ce qui ressemble à une corporation religieuse capable de donner l'enseignement supérieur; puis, après toutes ces violences, surprise de ne pas voir ses concurrents anéantis, elle crie à la tyrannie religieuse, à la théocratie. Que n'ouvre-t-elle enfin les yeux sur ses faiblesses? Croit-elle donc que les familles seraient assez aveugles pour ne pas lui confier leurs enfants si l'on trouvait chez elle des garanties suffisantes? — Hélas! ces garanties si désirables, l'Université ne pourra de longtemps les posséder : la classe moyenne, où se recrutent ses membres, et l'École normale, où ils se retrempent, paraissent en général encore bien éloignées de sentir l'urgence de ces améliorations.

Les études dialectiques remises en honneur par l'Université à l'École normale, dans les cours publics et dans la presse, ne sont sans doute pas sans utilité; mais elles ont aussi des inconvénients graves, abstraction faite de tout système philosophique : c'est qu'elles exercent les esprits à raisonner subtilement plutôt qu'à penser juste; c'est qu'elles forment les intelligences vives et fines à une polémique toujours adroite. Assoupli par ce genre de lutte et soutenu par l'orgueil, on pare des coups auxquels on devrait céder; aux meilleures raisons on sait opposer de décevantes arguties. Le défaut de notre scène politique était de rechercher déjà ces tours de force byzantins. Les maîtres du genre n'enverront à nos tribunes que trop d'habiles élèves. Au milieu de ce flux d'insinuantes et souvent moqueuses paroles, ce ne sera pas chose facile au soldat, au marin, au négociant devenus députés, que de faire prévaloir un simple appel au bon sens public.

Si nous entrons, si nous avançons enfin dans la voie de la saine démocratie, tout le système actuel de l'instruction publique sera modifié radicalement. D'abord la liberté d'association créera une foule de maisons d'éducation indépendantes de l'Université. Là des théories nouvelles seront souvent essayées ; la concurrence fortifiera les études. Plus tard, l'opinion condamnera l'institution même d'un État enseignant, de professeurs du gouvernement, comme un anachronisme et un attentat de lèse-nation ; car on verra que le principe fondamental de l'élection doit aussi dominer dans l'organisation de l'instruction publique. On ne contestera plus aux pères de famille le droit d'élire des maîtres pour leurs enfants, ni aux communes le droit de choisir leurs instituteurs. A ces choix l'État n'opposera plus des restrictions préventives fondées sur des distinctions de vêtements, d'idées religieuses ou politiques. Au contraire ; il payera indistinctement les instituteurs communaux, qu'ils l'attaquent ou le soutiennent, et les rétribuera suffisamment pour que l'instruction

primaire soit gratuite. Enfin des établissements d'é-
ducation professionnelle seront également soutenus
par le gouvernement et livrés aussi jusqu'à un certain point à l'élection et à la concurrence.

Le projet de constitution soumis à l'Assemblée
nationale, et dont elle adoptera probablement les
principales dispositions, nous prouve que nous
sommes bien loin de cet âge d'or de la démocratie.
Ne désespérons pourtant pas de l'atteindre ; car les
aveugles passions des hommes sont à la longue im-
puissantes contre la justice et la vérité.

Dans la situation actuelle, l'établissement d'une
constitution démocratique sage et stable est pour nous
une œuvre bien difficile, sinon impossible. Une noblesse nonchalante, sentimentale, en partie légiti-
miste ; une bourgeoisie presque uniquement occupée
d'intérêts personnels, qui croit la force capable
d'étouffer les idées et qui craint plus la liberté qu'elle
ne l'aime ; un peuple en général pauvre, crédule,
dont l'éducation sociale, politique, professionnelle
est encore à faire ; une magistrature imbue de préjugés impérialistes ; une armée absolutiste, beaucoup
trop nombreuse sous les drapeaux, et qui épuise les
ressources du pays ; enfin un enseignement rationaliste, qui jette dans toutes les âmes des ferments de
rébellion et de discorde : tels sont les éléments desquels il nous faut tirer un régime de paix, d'égalité,
de fraternité, de liberté ! Attendons-nous donc à voir

échouer une foule d'hommes de talent qui vont successivement essayer de fonder ce régime, d'organiser, de faire vivre et marcher en avant une société nouvelle, au moyen de lois habilement combinées en vue des intérêts matériels. Le grand corps qu'ils auront essayé d'animer restera frappé d'inertie entre les mains de ces modernes Prométhées. C'est qu'en entamant leur travail ils auront négligé de songer à Dieu. Malgré la douloureuse atonie dans laquelle nous jetteront ces essais stériles, ne désespérons pas de l'avenir; car, je le répète encore, si nous comparons notre condition présente à l'état du pays pendant le dernier siècle, nous reconnaîtrons que nous sommes depuis lors en progrès au triple point de vue de la science, des vertus et de la liberté.

Nos pas en avant dans la voie du savoir, nous les devons à notre esprit vif, investigateur, qui ne se contente pas de chercher la lumière, mais veut aussi la vulgariser; nous les devons encore à ce que notre langue étant la plus claire de tous les idiomes européens, elle est devenue partout usuelle et nous a mis en rapport avec la plupart des savants étrangers, qui se réunissent à Paris comme au centre d'une patrie commune.

Notre progrès moral, je l'attribue, avec un illustre publiciste, au prêtre et à la femme. Lorsque le clergé est mauvais, familles, fortunes, crédit public, patriotisme, tout se relâche, se dissout et croule : nous en avons fait la triste expérience au xviiie siècle. Aujourd'hui le prêtre français est tout entier à ses devoirs. Négligé par l'adolescent, il aide aux personnes chastes et pieuses qui élèvent la jeune fille à faire d'elle un modèle d'ordre, de dévouement et de piété, une chrétienne en un mot. Lorsque, fatigué des orages des passions, le jeune homme se repose dans le mariage comme au port, il reçoit de sa compagne une incessante impulsion vers le bien. Il se roidit d'abord contre cette incitation ; mais il finit souvent par y céder. A mesure que ses passions se calment, ses préjugés s'affaiblissent, et le sceptique avide de coûteux plaisirs, inutile à son pays, à charge à lui-même, se transforme peu à peu en chrétien reconnaissant, en père de famille économe et en bon citoyen.

Notre progrès libéral, nous le devons à la Providence qui, voulant nous sauver, nous a poussés dans la voie de la démocratie. L'unique atmosphère dans laquelle la démocratie puisse vivre étant celle de la liberté, nous sommes devenus quasi-libéraux par nécessité. Cependant nous idolâtrons toujours le rationalisme, machine pneumatique qui nous prive d'air. Ainsi les fumeurs d'opium adorent ce qui les tue, et, plongés dans une aveugle ivresse, il leur semble impossible de renoncer à une habitude invétérée. Heureusement la pitié du Tout-Puissant veille sur nous. A l'instant même où nous touchions à notre perte il traçait en Amérique le chemin du salut : des rivages du Nouveau-Monde il soufflait sur l'Europe décrépite l'élément d'une vie juvénile et prospère, *l'esprit libéral-religieux.*

IV.

Du mouvement libéral-religieux.

Oui, c'est de l'Amérique du nord que nous est venu le seul élément qui puisse sauver notre société aux abois : l'esprit libéral-religieux.

La Religion était enchaînée au trône il y a soixante-dix ans, et les trônes allaient crouler les uns après les autres. Au point de vue humain, la ruine de la Religion semblait inévitable. D'un bout de l'Europe à l'autre, presque tout ce que le ciel avait réparti d'intelligence entre les hommes était employé à l'anéantissement de la foi. Soudain quelques milliers de laboureurs et de marchands isolés à l'autre extrémité du globe se soulevèrent contre leur tyrannique métropole. Tandis que l'Europe s'amollissait dans la débauche, ils étaient demeurés laborieux, probes et sages. Le cancer qui rongeait le vieux monde n'avait pu pénétrer jusqu'à eux ; la simplicité de leurs mœurs, la pureté de leur conscience les en avaient préservés. Se battant pour une cause juste, ils implorent le Dieu de justice et de bonté, qu'ils ont sans doute déjà senti les soutenir et les pousser dans leurs conquêtes sur le désert. Ils trouvent tout naturel d'unir dans un même culte le sentiment qui fait leur orgueil et la croyance qui fait leur espoir, la Liberté et la Religion.

Cette poignée d'hommes triomphe, fonde une nouvelle puissance. Tandis qu'en Europe la liberté se noie dans le sang, tandis que l'on n'y voit que trouble dans les esprits et dans les fortunes, forts et tranquilles parce qu'ils sont religieux et libres, les Américains poursuivent leur marche triomphante vers le pôle, vers l'océan Pacifique, vers l'Amérique méridionale. Mille obstacles se présentent devant ce triple courant civilisateur. Des torrents, des marécages, des forêts, des montagnes, le désespoir des sauvages, la jalousie de l'Angleterre essaient de lui barrer le passage : *Go ahead!* s'écrie sans jamais sourciller le flot le plus avancé du peuple nouveau ; et chaque obstacle est surmonté. Entre les mains américaines, la hache, la carabine et le hoyau se succèdent, maniés avec la même ténacité calme, avec la même persévérante habileté. De tous les pays de la vieille Europe, les hommes qui cherchent l'aisance dans un travail patient et sérieux viennent en foule grossir la nation naissante.

Missionnaire de la civilisation et de la liberté, qu'elle s'avance en paix vers ces anciennes colonies françaises septentrionales et vers ces belles mers du

Sud, où elle est destinée à faire flotter en reine son pavillon. Sœur de la France et par les souvenirs et par les intérêts, qu'elle devienne en moins d'un siècle la plus grande nation du globe. La France ne doit qu'applaudir à ses progrès.

Un lien nouveau tend à relier encore plus intimement les deux puissances : c'est la rapide propagation du catholicisme aux États–Unis. La grande race anglo–américaine a l'esprit trop juste pour ne pas revenir en majeure partie à la foi de ses pères. Déjà la main de Pie IX, lorsqu'elle s'étend sur le monde, trouve chez les Américains un nombreux troupeau filial à bénir. Déjà l'élan nouveau donné par le Pontife à l'Église se fait sentir dans ces lointains pays ; dix-neuf évêques, qui là du moins peuvent se réunir en concile, activent de l'union de leurs lumières le mouvement régénérateur. Puisse le progrès du catholicisme contribuer à la guérison d'une triste plaie, la seule qui s'aperçoive sur le corps juvénile de la nation américaine ! Puisse l'immigration peupler les États–Unis d'assez de blancs pour qu'il soit possible d'y émanciper bientôt les esclaves !

L'Irlande était opprimée par l'Angleterre comme les colonies américaines. Elle essaya naturellement de suivre leur exemple ; mais ses insurrections n'aboutirent qu'à rendre ses maux plus affreux. Méprisée de ses tyrans, trahie et vendue par son par-

lement, elle se mourait de honte et de misère lorsqu'un jeune homme, doué d'un esprit vif et d'un
noble cœur, entreprit de la délivrer par la seule
force d'une pensée juste. L'étude de la France et
des États-Unis avait appris à Daniel O'Connell que
nous étions faibles au milieu de nos conquêtes, et
qu'une ère de grandeur attendait les Américains,
parce qu'ils possédaient l'amour et la vénération de
la Religion et de la Liberté. Cette observation fut
pour le jeune Irlandais un éclair de lumière. Il re-
connut que l'affranchissement d'un peuple est infail-
lible lorsqu'il est à la fois libéral et religieux, parce
que ses convictions lui dictent uue conduite aussi
digne et sage qu'invinciblement persévérante. O'Connell entreprit aussitôt sa pacifique croisade. Une foi
sincère, jointe à une énergique volonté, donne toujours une entraînante éloquence. Le jeune agitateur
dépeignit si vivement les souffrances de son pays,
stigmatisa si profondément les vexations des Anglais,
qu'il força bientôt ceux-ci d'entrer dans la voie de
la justice. Jusqu'à son dernier jour, le libérateur les
a poussés en avant dans ce chemin d'expiation, et
ils ne pourront plus y faire halte; il faudra qu'ils
vident jusqu'au fond la coupe amère de la répara-
tion, à moins que l'Irlande n'oublie les conseils, les
exemples de son guide, et ne cherche dans la violence le remède à ses malheurs, la vengeance de ses
griefs.

Il y avait quelques rapports entre la situation de l'Irlande et celle de la Belgique avant 1830. Les deux pays étaient catholiques et soumis à d'autres pays protestants. Mais il n'y avait pas entre la Belgique et la Hollande cette homogénéité de langue, cette concordance d'intérêts ni cette inégalité de forces qui existent entre l'Irlande et l'Angleterre. C'est pourquoi les Belges eurent le vouloir de se séparer des Hollandais et la possibilité de l'accomplir. Après leur victoire nationale de 1830, ils suivirent l'exemple des Américains et les préceptes d'O'Connell. Chez eux, la Religion fut libre et la liberté fut religieuse; aussi leurs institutions sont-elles vraiment sociales.

Pendant que ces progrès s'effectuaient en Irlande et en Belgique, quelques esprits éminents reconnaissaient et signalaient aussi chez nous le chemin que doit suivre la société pour se frayer un tranquille avenir. En 1830, La Mennais planta au milieu des partis étonnés une bannière nouvelle, sur laquelle étaient inscrits les seuls mots : *Dieu et la Liberté.* A sa puissante voix se rallia autour de lui une troupe d'élite, qui combattit avec autant de talent que de dévouement pour la devise de son chef. Les doctrines élevées que cette jeune école promulguait si brillamment obtinrent naturellement d'honorables et de nombreuses adhésions. Vers la même époque, plusieurs jeunes gens, doués d'un esprit juste et d'un noble cœur, reconnurent la stérilité des débats politiques et l'importance croissante des questions sociales. Ils fondèrent le *Correspondant*, modeste et réservé mais vigilant et ferme défenseur des intérêts de la Religion et de la Liberté. Dans le camp républicain même, M. Buchez fit d'estimables efforts en faveur du catholicisme. Ainsi de plusieurs points différents on réagit contre la propagande illibérale et antireligieuse par laquelle se laissait abuser l'opinion publique. Ces divers efforts auraient probablement produit beaucoup d'effet, si une succession continuelle de graves incidents politiques n'avait sans cesse absorbé l'attention des masses et surexcité les passions des partis. La ligne suivie par le *Correspondant* était au-dessus des querelles du moment : bien peu d'esprits possédaient assez de pénétration, d'énergie et d'impartialité pour se complaire à cette hauteur, dans cet ordre d'idées sociales et patriotiques. La modeste revue ne prêchait pourtant pas dans le désert. Elle formait une petite armée qui devait demeurer constamment fidèle aux principes libéraux et catholiques. Cette troupe se serait probablement accrue avec plus de rapidité si un coup terrible n'avait frappé ses brillants alliés de l'*Avenir*. Le chef de ces derniers tomba dans l'erreur et aggrava sa faute par la révolte. L'esprit public est toujours hostile aux innovations, lorsqu'elles prêchent le dévouement; aussi la foule vit-elle dans la condamnation de l'illustre écrivain un anathème formel jeté sur toutes les doctrines sociales ou politiques adoptées par ses disciples ou par ses alliés. Les fondateurs de notre premier parti social cédèrent un moment à l'orage; ils se dispersèrent, cessèrent leurs publications périodiques, et cherchèrent, les uns dans les voyages ou la retraite, les autres dans le maniement des affaires de l'État, à compléter leurs facultés pour revenir à l'assaut.

Car ils devaient retourner au combat; le cri de leur conscience les y poussait. Quand Dieu veut sauver la société qui s'égare, il jette un éclair de lumière dans le cœur de quelques hommes; cette lueur est inextinguible. Au-dessus des passions et des préjugés, elle est comme le soleil au-dessus des nuages; ils passent et elle reparaît. La bannière du catholicisme libéral se releva à Paris presque aussitôt après son premier échec. Elle fut plantée en Bretagne, en Bourgogne, en Lorraine, à Lyon. Partout les premiers pas furent pénibles pour ses champions. En province, particulièrement, où l'esprit de parti est encore plus étroit, plus malveillant, plus obstiné, plus vivace qu'à Paris, les nouveaux organes du libéralisme chrétien furent accablés de récriminations et d'injures. On qualifia leurs opinions de théocratisme arriéré ou d'audacieuses hérésies. Néanmoins, malgré les préventions soulevées contre elles, les nouvelles doctrines faisaient peu à peu leur chemin. Les éléments d'un parti naissat commençaient à poindre; mais, pour les dévelop- per, les unir, les mettre en action, il fallait des guides illustres et infatigables. Quelques hommes d'initiative et de dévouement réussirent à fixer l'attention publique sur la question capitale de la liberté religieuse, et de son corollaire, la li- berté d'enseignement. Ils traitèrent cette question avec tant de vigueur et d'éclat, qu'ils s'acqui- rent naturellement la direction du nouveau parti. On a reproché souvent à ces éminents citoyens la vivacité qu'ils n'ont cessé de mettre dans leur combat pour la liberté religieuse. Prouvons que leur conduite est en cela parfaitement sage et lo- gique.

Dans les sociétés absolutistes et aristocratiques, si le régime et le maître conviennent au peuple, on ne voit dans le pays aucune tendance aux ligues poli- tiques; la Religion seule unit un certain nombre d'individus dans la pratique de leur foi. Hors de là, chacun demeure isolé, à moins que l'autocrate ne veuille et ne puisse grouper temporairement les volontés pour accomplir quelque grand dessein. Dans les démocraties, au contraire, l'association est l'air vital même : il n'y a pas de milieu entre elle et la mort. Les démocrates se coalisent, même quand leurs idées sont matérialistes et les poussent à l'é- goïsme. Ce sont alors des loups qui se rassemblent

pour chercher une proie, et qui si l'un des leurs
est blessé le dévorent aussi. A mesure donc que
l'on avance vers la démocratie, les tendances à
l'association deviennent nécessairement prédomi-
nantes. Si l'esprit du peuple est aveugle et mauvais,
la plupart des coalitions ont pour conséquence et
pour but latent ou manifeste les violences et l'anarchie : alors le régime du sabre étant le seul qui
puisse rétablir et maintenir une espèce d'ordre, c'est
à lui que l'on revient. Si l'esprit du pays est, au
contraire, intelligent et religieux, les associations
ont en général pour but et pour conséquence le progrès social. Dans les pays déjà démocratiques, ou
dans ceux qui tendent à le devenir, les citoyens qui
veulent développer et sauvegarder la saine démocratie ont donc simplement une chose à faire : tâcher
de s'unir dans l'enseignement et la pratique des
devoirs religieux et sociaux, afin d'éclairer le pays
par une éducation forte et morale, afin de former le
noyau ou du moins de déposer les germes d'associations patriotiques et sociales. C'est là le seul moyen
efficace de prévenir et de combattre des ligues dangereuses et d'aveugles factions. Il faut donc conquérir et défendre avant tout la liberté religieuse,
dont un des éléments constitutifs les plus importants
est la faculté d'exercer en commun la charité sociale; car c'est uniquement par l'usage de cette faculté qu'il devient possible d'obtenir ou de protéger

les droits civils et politiques de l'individu, de la famille et de la nation.

Voilà pourquoi le parti social catholique a toujours demandé vivement une liberté religieuse absolue. Il commençait à se former sous le feu de ses ennemis, lorsqu'il lui vint, en 1845, au plus chaud de la mêlée, un utile et courageux appui. Timon, le redoutable pamphlétaire, attaqua de son invincible logique et de son impitoyable ironie les champions du voltairianisme et de l'Université. Le débat attira l'attention de l'Europe entière; beaucoup de publicistes étrangers y prirent part. Les principes mis en question par cette grande querelle furent partout discutés, et partout la discussion sema quelques bons germes. L'avénement de Pie IX les fit éclore. A peine eut-il réhabilité la liberté que Rome exerça par l'amour une attraction puissante. Électrisés par la flamme émanée de la ville éternelle, des hommes éminents se groupèrent en Allemagne, en Angleterre, en Espagne, en Pologne, en Amérique, et ils vouèrent tous leur vie à propager le mouvement libéral religieux.

Cependant le plus important de ces noyaux était encore en France. Chaque jour celui-ci faisait quelques prosélytes, malgré l'incessante opposition de tous les partis politiques. La cause de ces hostilités était bien simple. Ces derniers s'imaginaient que changer de dynastie ou réformer quelques institutions eût suffi pour régénérer le pays. Les catholiques observaient qu'étant donnés des outils défectueux, de mauvais matériaux et un terrain mouvant, il est impossible de bâtir un édifice durable. Il faut donc, disaient-ils, perfectionner d'abord les outils et les matériaux, et consolider le sol, c'est-à-dire améliorer les mœurs et éclairer l'esprit public. Avant que l'on n'y soit parvenu, il ne sera jamais possible d'édifier un gouvernement stable. Telles étaient les réflexions que l'*Univers*, le *Correspondant* et d'autres organes catholiques émettaient souvent pour appeler sur le terrain du patriotisme et du progrès social tous les amis de la Religion et de la Liberté, sans distinction d'opinions politiques. Ne se laissant pas déconcerter par les jalousies et les inimitiés sans nombre qui les assaillaient, les publicistes de cette école faisaient sans cesse une guerre mortelle à l'impérialisme, aux monopoles, à l'excès de la centralisation, à l'esprit de parti, et s'occupaient sans relâche de l'éducation libérale et religieuse du pays. Animé par ces vaillants guides, le nouveau parti social descendit dès 1846 sur le champ de bataille électoral. Ne demandant rien pour lui-même, il s'appliqua seulement à faire pencher la balance en faveur des plus dignes des compétiteurs. Beaucoup de députés lui durent leur nomination; mais plusieurs d'entre eux se laissèrent entraîner à l'oubli de leurs promesses par les impérialistes voltairiens, qui

se sentaient frappés au cœur. Toutes les réformes
moralisatrices réclamées par les catholiques furent
opiniâtrément refusées. Pour les combattre, on donna
même des armes au radicalisme antireligieux. —
Dieu a levé le doigt, et une révolution quasi-miracu-
leuse a foudroyé un pouvoir fatal à la morale et hostile à la liberté.

Les hommes libéraux et religieux ont accepté
franchement la révolution de Février, avec la ferme
résolution de défendre la démocratie, parce que l'é-
tablir en France ce serait y fixer la liberté. Mais on
sait combien la situation et l'esprit de la société
française rendent difficile la fondation d'un régime
démocratique solide et sincère. Qu'on se représente
une forêt vierge des tropiques, à l'instant des premières chaleurs de l'été. Tandis que la cime de la
forêt élève vers le ciel un magnifique dôme de feuillages, des plantes bizarres, des arbustes épineux,
des lianes chargées de fleurs vénéneuses, s'enraci-
nant dans un marécage pestilentiel, s'enroulent autour des troncs couchés sur le sol, ou grimpent le
long des arbres qui sont debout, et forment à des
reptiles impurs un repaire inextricable. Telle est
notre jeune République. Haines, ambitions, utopies,
frivolités, vices et préjugés, passions et ridicules
poussent, grandissent et s'entremêlent avec tant de
vigueur sur ce terrain, ardent et juvénile, que les
hommes à vue courte et à faible cœur désespèrent

que la civilisation puisse jamais pénétrer dans ce
fouillis. Aussi pensent-ils qu'il faut le détruire au
plus tôt par le fer et par le feu. L'opinion des catholiques libéraux est bien différente. Ils croient que la
douce lumière du christianisme peut s'introduire
dans la République et l'assainir complétement. Ce
résultat serait bientôt obtenu, présument-ils, si, reconnaissant la justesse de leurs principes, un nombre notable de Français intelligents se joignait à
eux pour les mettre en action.

Achevons d'exposer succinctement ces principes,
les motifs et les arguments sur lesquels ils se fondent,
les tendances et la situation du parti social français.

Ces principes peuvent se résumer dans les mots
suivants : *S'unir dans la foi chrétienne et dans la
charité, pour la liberté et par la liberté.*

Ils sont justifiés par les leçons des plus saints doc-
teurs de l'Église, de même que par l'exemple de
Washington, d'O'Connell et de Pie IX. La prospérité
de la démocratie américaine, la ruine successive de
tous nos partis pseudo-libéraux, l'axiome que le
progrès social est en raison du progrès religieux,
tous ces faits énoncés déjà dans ce travail confir-
ment la vérité de cette doctrine. Je l'appuierai encore en prouvant que la religion est bien plus nécessaire dans les démocraties que dans les États absolutistes ou aristocratiques.

Dans ces États, en effet, le régime qui a prévalu

depuis des siècles s'est puissamment constitué. Le
trône et les castes privilégiées s'aident mutuellement, se tiennent respectivement en contre-poids.
Les institutions sur lesquelles ils s'appuient sont
tellement anciennes, que souvent le peuple oublie
qu'elles ont dans l'origine lésé ses droits. Les classes
supérieures sont trop intéressées au maintien du
calme pour qu'elles ne rendent pas leur joug ou
très-léger, ou tellement fort que le secouer semble
impossible. Il en résulte parmi le peuple une som-
nolence générale, qui n'est pas sans chances de
durée. Chez les nations démocratiques, au contraire,
ce ne sont plus des castes polies, réfléchies, opulentes, qui prédominent. C'est à des masses impétueu-
ses et rudes, à des hommes pauvres et portés à l'envie
par la souffrance, qu'échoient tôt ou tard l'impulsion
et le pouvoir. Quel frein sera capable de les préser-
ver d'excès et d'écarts, ces hommes auxquels la
puissance temporelle est dévolue, si ce n'est l'amour
ou la crainte d'une autorité surnaturelle, si ce n'est
une religion féconde en consolations et destructive
des mauvais penchants? — Il faut donc que le
peuple soit chrétien pour que l'on conserve la tran-
quillité dans les démocraties.

Mais les Grecs schismatiques et protestants pré-
tendent être meilleurs chrétiens que les catholiques.
Laquelle des trois religions est la plus utile à l'ordre
social? Évidemment celle qui sait le mieux enseigner

aux hommes la charité, résister à leurs caprices et dompter leur orgueil.

Ce n'est pas la foi moscovite, car elle n'est forte que par l'horrible tyrannie de son impérial pontife ; car elle livre à la dégradation morale les belles races slaves et gréco-romaines. Cette religion est moins un élément de civilisation, d'amour et de paix, que l'arme redoutable d'un despotisme odieux.

Ce n'est pas le protestantisme ; car les différentes sectes issues de la réforme se subdivisent à l'infini, se disloquent et se dissolvent journellement. Autour des hauts dignitaires de ces diverses communions, qui jouissent presque tous de revenus immenses, le peuple végète dans l'immoralité, l'ignorance et la misère. Nulle part la classe riche n'est plus égoïste ni plus hautaine que dans les pays protestants. Ainsi le protestantisme ne donne ni l'unité, ni l'humilité, ni la charité : ce n'est donc pas une religion vraiment chrétienne (1).

Le catholicisme, au contraire, est assez sublime pour rendre humbles et charitables les hommes qui le comprennent et le pratiquent. Il est assez immuable pour triompher de l'inconstance de l'esprit humain et pour demeurer inaltérable au milieu des

(1) On peut observer que le schisme grec et la réforme ont au fond la même origine. Le premier est la dernière conquête de l'esprit païen, qui expirait à Byzance en même temps que la dernière société gréco-romaine. La seconde est le produit de la renaissance de l'esprit païen au xvie siècle.

bouleversements : il faut ainsi reconnaître en lui la foi sociale par excellence. C'est donc une foi divine, impérissable comme la divinité. En regard de son passé grandiose, on doit donc espérer pour lui un avenir plus grandiose encore et conclure que c'est la seule religion vraiment chrétienne.

Ce n'est pas que l'on ne doive considérer toutes les croyances religieuses comme très-utiles à l'ordre social. Il suffit que les hommes révèrent une puissance surnaturelle, miséricordieuse pour le bon, et sévère à l'égard du méchant, pour qu'ils puissent vivre ensemble et parvenir à un degré très-haut de civilisation et de bien-être. Qu'ils unissent à cette foi une sincère tolérance envers les gens qui ne partagent pas leurs croyances, et il y aura dans la société des garanties de paix et de bonheur. Agissant d'après ces considérations, les catholiques libéraux sont loin de refuser leur estime au protestant, au juif, ou à tout autre théiste, s'il est honnête homme ; car aucun d'eux ne peut se flatter de valoir plus devant Dieu que tel ou tel qui l'honora d'une autre façon. Ils accordent même leur appui dans la vie publique à tout citoyen indistinctement, pourvu qu'il aime et connaisse la liberté ; mais ils croient fermement que sans le catholicisme, seul pouvoir moral capable de dompter les passions fougueuses et d'en prévenir l'explosion, il est impossible d'établir solidement en Europe la vraie démocratie.

A cette conviction, on opposera peut-être l'exemple de l'Amérique. Mais la société américaine a de tout temps été démocratique. En touchant ce sol nouveau, chaque colon se sentait libre. L'immense territoire qui s'offrait à son parcours, la nature grandiose et sauvage qui l'environnait exaltaient dans son cœur le sentiment de l'indépendance. Parmi ce peuple de travailleurs, il ne pouvait y avoir de distinctions que le courage, l'intelligence et la force physique. Ainsi l'égalité régnait naturellement entre eux. Ils avaient fréquemment besoin les uns des autres pour commencer des défrichements, pour résister à leurs ennemis ou pour faire des expéditions commerciales. De là naturellement le sentiment de la fraternité. La constitution des États-Unis devenus république fut donc simplement la codification des mœurs.

En Europe, au contraire, les mœurs sont presque partout antidémocratiques. Il existe des divisions profondes et séculaires entre les classes et entre les races. Il n'est pas un seul pays où l'on possède à la fois les vertus et les conditions indispensables à la démocratie ; et cependant un courant irrésistible précipite l'Europe vers la démocratie la plus avancée. Pour éviter des troubles interminables et d'affreuses catastrophes, il faut donc recourir à la puissance qui commande avec le plus d'empire la liberté, la fraternité et l'égalité, c'est-à-dire au catholicisme.

C'est pourquoi le mot catholique nous paraît presque synonyme du mot social. C'est pourquoi la principale tâche que se proposent les hommes dont je partage les convictions, c'est de travailler sans relâche à faire entrer dans les institutions et dans les mœurs l'esprit du catholicisme.

C'est en cela que consiste l'action générale et supérieure du parti tout entier. Beaucoup de ses membres ne veulent guère s'occuper d'autre chose; car ils pensent que si l'on parvenait à inoculer profondément aux peuples une religion d'amour, de paix et de liberté, le bonheur des pays serait assuré, n'importe sous quel régime politique ils vécussent. (C'est parmi ceux-là que je me range.) Plusieurs autres, tout en secondant franchement l'*action supérieure* religieuse, conservent des prédilections pour des personnages politiques ou pour des formes de gouvernement particulières. Mais on peut affirmer que l'association entière reconnaît franchement et logiquement la souveraineté du peuple; qu'elle ne voudrait accepter aucun gouvernement nouveau s'il n'était validé par les suffrages presque unanimes de la nation : car tous les catholiques libéraux ont épousé la cause de la saine démocratie. Loin de vouloir la prédominance du clergé catholique, ils demandent vivement des droits égaux pour tous les cultes. A leurs yeux, toutes les œuvres qui tendent à moraliser la société sont des œuvres charitables et

d'éducation sociale. Chacun d'eux s'adonne de pré-
férence à telle ou telle de ces œuvres, selon ses incli-
nations et ses facultés; mais toutes ne leur semblent
former qu'un seul corps. Ainsi, défendre à la tribune
ou dans la presse la Pologne, l'Irlande, la Suisse
catholique, contre des tyrans ou contre les préjugés
des partis; enseigner gratuitement les éléments de
la morale et des lettres; réclamer la liberté de l'enseignement et de la conscience; fonder une Société
d'économie charitable; éclairer la question du paupérisme; porter à l'asile du pauvre du pain, des
consolations et des encouragements; c'est se livrer à
une seule et même œuvre d'éducation libérale et
moralisatrice. Les associés de M. de Montalembert
et les imitateurs de M. de Melun; ceux qui com-
battent les égarements des rationalistes, et ceux qui
créent des colonies agricoles; ceux qui organisent
ou dirigent les Sociétés de Saint-Vincent-de-Paul,
de Saint-Joseph, de Saint-François-Régis, et ceux
qui luttent contre le despotisme des peuples ou des
rois; les membres les plus éminents de notre clergé,
et le frère obscur qui s'enferme dans le cachot du
prisonnier; les savants célèbres qui démontrent les
côtés faibles du système d'instruction français, et le
pauvre ouvrier qui élève des apprentis dans l'amour
de Dieu et du prochain; tous marchent dans des voies
convergentes, animés de la même pensée et du
même espoir; tous attaquent quelque filon du cœur

humain, tâchent d'y porter la lumière, d'en extraire
le pur métal et de l'employer au bien public.

Comme on le voit, l'action est une, simple, grande,
facile à concevoir pour qui se sent le courage de la
pratiquer, et le travail se divise en plusieurs bran-
ches, qui toutes concourent au même but. Les révolutions ne peuvent altérer une seule des idées à la
propagation desquelles les catholiques se sont voués.
Leurs principes sont au-dessus des événements hu-
mains. Les bouleversements sociaux en précipiteront
naturellement le triomphe; car c'est surtout par le
malheur que l'homme revient à Dieu. Aussi peut-on
espérer que l'époque n'est pas très-éloignée où une
partie notable de l'Europe, lasse de déceptions, épu-
rée par les souffrances, adoptera la foi chrétienne
et dans les mœurs et dans les lois.

Cependant il ne faut pas se faire d'illusions ni en
inspirer. Le paganisme est encore profondément
enraciné presque partout. La Belgique et l'Irlande
offrent seules des exceptions, et ces pays ne sont
pas sans taches. Dans le mouvement libéral-religieux, les catholiques français forment le corps de
bataille; et néanmoins leur influence politique et
sociale est encore bien faible.

Leurs organes dans la presse deviennent chaque
année plus nombreux et plus importants; mais ces
publications, conçues uniquement dans le but d'être
utiles, et non dans l'intention de flatter ou d'amuser,

ne sont pas aussi répandues qu'elles le seraient probablement si elles étaient un peu moins consciencieusement dirigées. Un seul de leurs orateurs parlementaires s'est acquis une renommée européenne, et, naturellement, tous les pseudo-libéraux, qu'ils soient absolutistes, gallicans ou démagogues, s'efforcent sans relâche de diminuer son influence. L'opinion des catholiques n'est pas assez puissante à l'Assemblée nationale pour qu'ils fassent prévaloir tous leurs principes dans la nouvelle constitution. L'heure de la réorganisation n'est pas encore venue pour la société qui se disloque depuis si longtemps. Quand cette heure sonnera, les hommes libéraux et religieux, ayant alors plus d'expérience et jouissant de l'estime publique, participeront sans aucun doute amplement à la réédification sociale.

Les catholiques français sont un peu moins neufs, un peu plus avancés en charité qu'en politique. Plusieurs œuvres importantes, récemment fondées par eux, ont prouvé qu'au moyen de l'association pour la bienfaisance, on peut obtenir des résultats merveilleusement efficaces. Parmi ces œuvres, je citerai au premier rang les Sociétés de Saint-Vincent-de-Paul, de Saint-François-Régis, de Saint-Joseph, les Colonies agricoles et la Société d'Economie charitable.

La Société de Saint-Vincent-de-Paul, fondée il y a peu d'années à Paris par quelques jeunes gens,

compte aujourd'hui plus de 300 conférences, et
patrone environ 80,000 familles pauvres. Elle commence à se répandre dans la plupart des pays civi-
lisés de l'Europe et de l'Amérique. Sa tâche et son
but, c'est de soutenir, de consoler, de moraliser les
indigents de tout âge ; de rendre les riches humbles
et généreux, et les pauvres patients et reconnais-
sants ; d'ennoblir les deux classes par la pratique de
la vertu ; d'établir entre elles des rapports intimes
de consolation, de confiance et de gratitude ; en un
mot, d'élever vers Dieu les cœurs des hommes en
leur apprenant à s'aimer. Il n'est pas de misère
qu'elle n'essaie de soulager ; mais ses soins sont particulièrement consacrés aux enfants. Ceux qu'elle a
une fois adoptés, elle les suit pendant les années
d'école et d'apprentissage, les place et ne les quitte
que lorsqu'ils sont en état de devenir eux-mêmes
membres de la Société.

« Il ne nous appartient pas de soulever le voile
» dont l'avenir recouvre ses destinées ; » disait *il y
a cinq ans* un des fondateurs de cette œuvre ; « mais
» quand on songe aux circonstances extraordinaires
» au milieu desquelles elle a pris naissance ; quand
» on voit, d'une part, l'ordre social ébranlé jusque
» dans ses fondements, tout occupé du besoin de se
» reconstituer sur des bases nouvelles et plus dura-
» bles ; que, de l'autre, on observe l'esprit puissant
» d'association et de dévouement, qui est l'âme de

» nos conférences, ces relations toutes d'amour et
» de reconnaissance qu'elles s'efforcent d'établir
» entre le riche et le pauvre, et ce patronage admi-
» rable fondé sur ce précepte du Sauveur : Que celui
» d'entre vous qui sera le plus élevé devienne comme
» le moindre, et que celui qui voudra commander
» aux autres se fasse le serviteur de tous ; — il est
» bien permis d'espérer que Dieu n'a pas produit
» en vain pour le monde la Société de Saint-Vincent-
» de-Paul, et il nous est doux de penser que notre
» patrie fut son berceau. »

La Société de Saint-François-Régis a pris pour
mission de guérir la plaie hideuse du concubinage en
christianisant les couples qui vivent en union illi-
cite. Un seul fait prouvera l'efficacité de ses soins et
la grandeur du mal qu'elle combat. C'est qu'à Paris
elle fait annuellement valider à peu près autant
d'alliances illégitimes qu'il se contracte de mariages
en dehors de son influence.

La Société de Saint-Joseph a été instituée en 1835
par un prêtre de Lyon, M. l'abbé Rey. C'est une
congrégation de frères qui recueillent dans les maisons de refuge et de correction les jeunes vagabonds
réputés dangereux, et qui entrent aussi comme surveillants et contre-maîtres dans les pénitenciers et
les prisons de l'État. On comprend tout ce que l'accomplissement de cette dernière tâche a de pénible ;
aussi faut-il chez les novices beaucoup d'énergie et

de dévouement pour qu'ils résistent aux premières épreuves. Cependant le nombre des religieux s'accroît tous les ans. Le principal de leurs établissements est le refuge d'Oullins, qui reçoit actuellement de 110 à 120 enfants. On y enseigne le jardinage, la menuiserie, plusieurs autres métiers; on y fabrique des objets d'habillement et de mercerie; on y a aussi une forge, où les rouages sont mus par une machine à vapeur. Les enfants sortent à vingt ans des maisons de Saint-Joseph, et il est bien rare qu'ils ne soient pas alors d'excellents chrétiens et d'habiles ouvriers.

La France possède actuellement une trentaine de colonies agricoles. Les unes reçoivent seulement les jeunes détenus; les autres sont consacrées aux jeunes garçons pauvres et abandonnés. Ces institutions sont appelées à rendre au pays des services d'une importance capitale. Il peut, il doit en sortir l'alliance de l'agriculture et de l'industrie, une bonne instruction professionnelle et une éducation chrétienne pour les classes ouvrières; enfin, c'est un moyen de déterminer le défrichement des terrains incultes, encore si considérables en France. Pour prouver ces assertions, j'exposerai sommairement l'organisation de l'Institut agricole de Saint-Ilan, fondé il y a cinq ans, en Bretagne, par M. du Clésieux.

Le fondateur réunit autour de lui des hommes de

dévouement, et autant que possible d'anciens sous-officiers. On complète à Saint-Ilan leurs connaissances agricoles, et on achève de leur donner une forte instruction primaire. Après trois ans de noviciat, ils deviennent contre-maîtres ou plutôt laboureurs, et à leur tour ils instruisent et dirigent des enfants. A mesure qu'un trop-plein se fait sentir dans l'établissement principal, il en sort un essaim de maîtres éprouvés et d'élèves devenus vigoureux et dociles. Ils vont créer ensemble, sur des terrains incultes ou négligés, une succursale de la maison mère. Une discipline militaire et pourtant bien douce règne dans tous les établissements. Lorsque les enfants ont atteint l'âge de dix-huit ans, on les place dans des fermes; à moins qu'ils n'aient préféré apprendre un des nombreux métiers enseignés à Saint-Ilan. Si ces jeunes gens veulent s'attacher à l'Institut, on les reçoit au noviciat.

Ainsi l'établissement de Saint-Ilan est une œuvre sociale d'instruction professionnelle, destinée particulièrement à l'organisation du travail agricole. On conçoit que le développement de cette institution peut être illimité. Que l'on confie aux frères laboureurs la création et la direction de fermes modèles, d'écoles d'agriculture gratuites, et bientôt ils répandront dans la campagne l'esprit d'association et de dévouement, qui est l'âme des démocraties. Leurs leçons et leurs exemples augmenteraient bientôt le produit du travail en rendant les travailleurs plus intelligents et plus moraux. Une subvention annuelle du gouvernement à Saint-Ilan et à plusieurs autres colonies agricoles qui sont établies d'une manière à peu près semblable, serait le secours le plus utile que l'on pût donner au pays.

Si le gouvernement et les particuliers riches reconnaissaient la nécessité de soutenir et de multiplier les colonies agricoles, on verrait bientôt s'établir pour les orphelines des refuges institués dans un but analogue et régis d'après les mêmes principes. Des femmes pieuses élèveraient ces jeunes filles, les mettraient en état d'instruire à leur tour d'autres enfants de leur sexe. On se servirait d'elles pour enseigner aux femmes la fabrication manufacturière et pour organiser dans les communes rurales de nombreux ateliers de travail.

Il serait donc aisé de transformer en milice sociale ces malheureux enfants sans famille, que l'abandon de la société laisse passer du vagabondage au crime. Les colonies agricoles et les fermes modèles accroîtraient la production alimentaire, développeraient la culture du lin, du chanvre, de la soie, des plantes oléagineuses. Les ateliers de femmes fabriqueraient des toiles, des étoffes de laine ou de soie. La nourriture et l'habillement coûteraient, par suite de cela, beaucoup moins cher. Ainsi la charité sociale aiderait puissamment à résoudre le problème de la vie à bon marché, non-seulement sans secousses, mais en consolidant l'ordre par le savoir et la moralité.

Si les produits devenaient surabondants, le même système pourrait encore en faciliter l'écoulement. Des enfants pauvres seraient élevés dans des écoles de mousses, auxquelles la Société de l'Océanie fournirait sans doute au besoin des directeurs. Les instituts de charité, agricoles ou manufacturiers, trouveraient là les éléments d'une marine de commerce industrieuse et probe, qui ferait estimer et défendrait au besoin le pavillon du pays.

La Société d'économie charitable, organisée récemment sous les auspices et par les soins de M. de Melun, a pour objet de relier ensemble toutes ces œuvres, et beaucoup d'autres institutions de bienfaisance qu'il serait trop long d'énumérer ici. Elle apporte le patronage de la science à la charité. C'est un foyer lumineux qui recueille et reflète les rayons vivifiants émanés des cœurs les plus dévoués au bien.

Ainsi, le christianisme est en action dans toute la France, sur le terrain de la politique et dans le domaine de la charité. Mais dans la plupart des provinces, et même à Paris, les catholiques actifs sont encore peu nombreux. Le mouvement a plus de profondeur que d'étendue. De même l'arbre le plus battu par la tempête est celui dont les racines s'enfoncent le plus avant dans le sol. Si peu répandu et si mal apprécié qu'il soit encore, ce mouvement n'a pas été sans efficacité. On ne peut nier, en effet, qu'une certaine religiosité n'existe actuellement dans les masses, qui sont pourtant encore rationalistes d'idées et de mœurs. D'où vient cette vénération pour une foi que l'on ne pratique pas, que l'on ne connaît pas, que l'on a longtemps regardée comme ennemie? De ce que le catholicisme est devenu libéral, de ce que le clergé français a quitté les rois pour les peuples. N'eût-il rendu au monde que le service de sauver la France d'une sanglante anarchie, en inspirant aux masses le respect de la religion, le mouvement libéral catholique aurait peut-être été l'instrument le plus éminent de progrès au xixe siècle.

Le jour viendra probablement où les principes catholiques seront la règle de nos hommes d'État et l'esprit de nos lois. De ce jour-là seulement la démocratie sera définitivement établie en France; car il faut, pour constituer solidement une société démocratique, la connaissance, l'amour et la pratique de la justice, de la liberté et de la charité. Ces lumières et ces vertus sont l'élément unique et nécessaire de la grandeur morale et de la félicité des peuples. Aucune nation ne peut les posséder complétement que sous un régime démocratique; c'est pourquoi la France, née pour le progrès, tend irrésistiblement à la démocratie. Égarée par le rationalisme, elle fera sans doute encore plus d'un faux pas douloureux;

mais elle se relèvera soudain forte, radieuse et triomphante, si ses chutes répétées finissent par la précipiter à genoux au pied de la croix.

Nous pensons avoir prouvé déjà que cette conviction repose sur des raisonnements simples et clairs, sur des observations précises et journalières. Pour les personnes qui l'ont conçue, elle est en même temps une douce consolation, un puissant encouragement et un vif espoir.

En résumé, libéraux et catholiques, nous n'aurions plus à redouter ni dictature, ni démagogie; nous serions capables de nous donner un bon régime démocratique et de le conserver. Telles sont les conclusions que je crois pouvoir déduire des chapitres précédents.

V.

Libéraux et catholiques, nous exercerions dans toute l'Europe une influence qui nous rendrait singulièrement puissants, et qui serait en même temps très-utile aux peuples étrangers. C'est ce que je vais actuellement essayer de démontrer ; et d'abord par les considérations générales suivantes :

L'injustice et l'oppression, outrageant la loi de Dieu, sont suivies tôt ou tard de réactions qui châtient les coupables selon la gravité des fautes. Ainsi, la grandeur des nations n'est stable qu'à condition de reposer sur la justice. Or la justice ne peut être mieux enseignée que par une religion divine. La politique grande et sage est donc tout simplement la politique juste et chrétienne.

La nation française est la plus nombreuse et la plus puissante des nations catholiques. Par conséquent, c'est à nous qu'incombe le protectorat du catholicisme dans tout l'univers. Mais le protectorat, c'est la puissance. Renoncer à ce droit, c'est donc abdiquer un immense pouvoir.

Passons à l'examen de la situation sociale des pays étrangers, et commençons par l'Allemagne; parce que c'est de ce côté que nous avons le plus à espérer.

Ainsi que la France, l'Allemagne est empoisonnée par le rationalisme. Le poison s'est infiltré dans ce pays de la même manière; et il a produit les mêmes effets qu'en France. Entre l'état social des Allemands et le nôtre il y a seulement cette notable différence : qu'ils sont en retard sur nous d'environ soixante-dix ans.

Constatons en quelques mots la justesse de ces assertions.

Luther avait avancé que la foi doit toujours être subordonnée à la raison individuelle; mais il avait reculé dans l'application devant plusieurs conséquences logiques de ce principe capital. Ses premiers disciples l'imitèrent presque tous dans sa réserve. Ils crurent en Dieu et en Jésus-Christ; ils acceptèrent le dogme de la Trinité, celui de la rédemption; et s'ils nièrent la présence corporelle dans l'eucharistie, ils admirent la présence spirituelle.

Les créateurs de la philosophie et de la christologie allemande furent un peu plus hardis. De même que Descartes, Vauvenargues, Montesquieu, Rousseau et les autres fondateurs de notre spiritualisme rationaliste, Semler, Kant, Schleiermacher, Fichte, Schelling attaquèrent tous, plus ou moins directement, les croyances respectées par les apôtres de la réforme, et continuèrent l'apothéose de la raison dans un langage d'autant plus dangereux qu'il était élevé et consciencieux.

Hégel rejeta nettement tous les mystères. De même que Maupertuis, il nia l'action de la Providence dans l'univers. D'après ce créateur du panthéisme germanique, tous les événements historiques du globe sont déterminés par le développement incessamment progressif de la raison universelle, qu'il appelle esprit du monde. A l'appui de ces doctrines, il mit une puissante logique et une phraséologie spéciale, qui, adoptée par ses continuateurs, leur donne toujours une apparence de profondeur et leur sert souvent à déguiser la hardiesse de leurs conclusions.

Bientôt après lui, Strauss, imitant Volney, et se fondant sur le principe précédemment posé du néant de l'action de la Providence, a conclu que l'Evangile n'a pas une source providentielle et divine; par conséquent, que Jésus-Christ n'a jamais existé. Aux yeux de ce philosophe, c'est l'esprit du monde arrivé à la pensée chrétienne, qui a enfanté le poëme de l'Évangile, ainsi que dans les temps héroïques cette même raison universelle avait composé, par l'entremise de plusieurs rapsodes, l'Iliade et l'Odyssée.

Allant plus loin, Bruno Bauer a démontré que la raison universelle n'est qu'une abstraction vide de sens. A son avis, saint Marc, le premier des évangélistes, a été le seul inventeur de la légende chrétienne. Or, ce que la raison d'un seul homme a produit, la raison de n'importe quel autre peut le repousser. «Un conte d'un théologien imposteur, voilà, » dit-il, « le seul fondement du christianisme. »

Admettant ceci comme prouvé, Fenerbach a déclaré que pour les philosophes le christianisme n'existe plus. « Mais doit-on le remplacer par une autre religion quelconque? » s'est-il demandé. « Non, car ce n'est pas Dieu qui a créé l'homme, c'est l'homme qui a créé Dieu. Toutes les religions reposent sur une monstruosité, l'abdication de l'homme en faveur d'un fantôme. La seule divinité qui existe, c'est ce qu'il y a de plus noble en nous : la raison individuelle. »

Ainsi s'est trouvée achevée en Allemagne, au bout de trois siècles, l'apothéose de la raison. Alors un vif enthousiasme a éclaté dans la jeune école hégélienne.

— « Il n'y a plus de religion, nous sommes tous des dieux; quel bonheur! s'est empressé de dire le socialiste Rüge. Soyons des dieux bénins et complaisants. Ne nous battons pas, ne nous volons pas, ne nous massacrons pas les uns les autres : cela serait au-dessous de notre dignité. Prosternons-nous devant la raison , c'est nous adorer nous-mêmes ; mais surtout empressons-nous de rendre les jouissances générales et faciles. »

— « La conclusion est bonne , a observé enfin Stirner ; mais vous n'atteindriez pas votre but si je n'achevais de vous éclairer. Il n'existe pas d'autre divinité que la raison individuelle, que le *moi;* c'est une vérité désormais incontestable. Mais alors l'individualisme, l'égoïsme doit être la seule philosophie acceptée par l'homme. Avec cette heureuse doctrine-là , chacun peut se livrer en paix à toutes les jouissances sensuelles. Le vice et le crime deviennent de vains mots ; aucun remords ne trouble la quiétude de l'homme adroit. »

N'y a-t-il pas d'étonnants rapports entre cette chute de l'école hégélienne et la dégénérescence de notre philosophie rationaliste du xviii⁣ᵉ siècle ? Celle-ci s'inspirant de Voltaire et de Maupertuis , aboutit au matérialisme immonde de La Mettrie , de Diderot et de leurs nombreux disciples. Descendues sur le terrain politique et social , ces doctrines produisirent d'abord Mirabeau, puis Babœuf, Robespierre et Fourier. La révolution que l'Europe est en train d'accomplir étant plus sociale que politique, le rationalisme allemand a commencé par engendrer des Fourier et des Babœuf.

— « Mais est-il possible que ce pays soit sérieusement ébranlé par un tel dévergondage? observeront peut-être quelques lecteurs. — Ne doit-on pas au contraire se réjouir de cette chute profonde et pourtant logique de l'hégélianisme? En voyant prouvé d'une manière inéluctable que le scepticisme rationaliste dessèche le cœur, qu'anéantissant tout amour il tend à détruire la société, les Allemands ne seront-ils pas frappés de la vérité du principe opposé, l'autorité, et ramenés ainsi à la foi catholique? »

Plusieurs esprits éminents sont en effet revenus au catholicisme par ce raisonnement (1), alors même que le rationalisme allemand n'était encore qu'au penchant de l'abîme; mais les hommes qui possèdent à la fois une intelligence distinguée et un cœur aimant et droit ne forment la majorité chez aucun peuple. Il faut observer en outre que les puissances terrestres sont sensibles à la flatterie, et la puissance du jour c'est l'orgueil. Idolâtrant l'orgueil et caressant le sensualisme, les Hégéliens obtiendront nécessairement de l'influence à une époque où l'on recherche avec une égale ardeur les jouissances et le pouvoir. Leurs livres sont donc réellement dangereux; d'autant plus que ces philosophes sont presque tous des érudits consciencieux, qui, partant

(1) Entre autres l'illustre comte de Stolberg, dont les écrits contiennent tant d'enseignements élevés, doux et purs.

d'un principe précédemment admis par leur école,
en poursuivent rigoureusement les conséquences.
Ils croient rendre service à la science et à l'humanité en dévoilant ainsi ce qu'ils s'imaginent être la
vérité. Ils voient la société moderne reposer encore
sur les devoirs moraux enseignés par le christianisme. Toute religion étant pour eux une erreur, à
leurs yeux la morale devient également une chimère;
c'est donc sur l'art des jouissances matérielles que
doit, à leur avis, se constituer un nouvel ordre
social. Ces déductions sont d'une logique irréfutable.
On y arrive nécessairement si l'on unit la hardiesse
à la bonne foi, du moment que l'on est parti du
principe fondamental du rationalisme. C'est là ce
qui fait la force des ultra-hégéliens et des communistes de tous les pays. Ils ont parfaitement raison
de traiter d'hypocrites ou de capucins ceux qui
s'arrêtent à mi-route. Pour un logicien, entre catholique et communiste il ne peut pas y avoir de milieu,
si ce logicien est prolétaire. Attendons-nous donc à
ce qu'une lutte grave éclate prochainement en Allemagne.

Dans ce pays, le terrain politique et la situation
sociale sont à peu près ce qu'ils étaient chez nous
avant 89. Là-bas aussi la noblesse de cour est en-
dettée et dissolue; les souverains pèchent en général
par l'énergie et par les mœurs; le haut clergé est
riche et sort en majeure partie de l'aristocratie; la

bourgeoisie se coalise et veut arriver au pouvoir. Un grand parti libéral s'organise, devient prédominant, impose à tous les princes régnants la reconnaissance de la souveraineté du peuple ; mais ce grand parti a une queue terroriste, communiste, pseudo-libérale, qui devient journellement plus puissante, et qui finira probablement par le décomposer. Comme jadis en France, cette queue matérialiste s'attaque avant tout à la religion ; et d'abord aux associations religieuses, aux congrégations enseignantes, afin de leur enlever la génération qui s'élève. Comme jadis en France, les attaques peuvent s'appuyer sur cet argument terrible : La liberté est un droit manifeste, imprescriptible. Or, dans notre pays, les ministres des divers cultes chrétiens prêtent leur appui aux princes contre la liberté. La religion qu'ils enseignent est donc une imposture : il nous faut par conséquent l'anéantir.

A moins qu'un châtiment terrible ne l'atteigne et ne le transforme subitement, le clergé allemand n'est pas encore près d'entrer tout entier dans la voie du libéralisme religieux. Un levain gibelin n'a jamais cessé de fermenter chez les nations germaniques. C'est pourquoi les erreurs rationalistes, gallicanes ou joséphistes, ont jeté chez elles de si profondes racines. Les prêtres allemands, et surtout ceux de la Bavière et des provinces rhénanes, ne manquent en général ni de savoir, ni de tolérance, ni de moralité. Plusieurs d'entre eux s'engagent dans le mouvement libéral religieux, qui commence à se faire sentir dans tout le pays germanique ; mais il est à craindre que cette réaction contre les plaisirs sensuels et le philosophisme ne se développe pas assez promptement pour qu'elle puisse prévenir un triomphe momentané de la démagogie.

Cependant voici plusieurs motifs pour lesquels les démagogues allemands rencontreront dans leur pays une formidable résistance. Il n'existe pas en Allemagne un centre comme Paris, où l'on puisse se réunir pour frapper un coup décisif. Le peuple est en général plus riche et plus instruit qu'en France ; son caractère national est foncièrement aristocratique. Il existe un tel esprit d'opposition entre le nord et le midi de l'Allemagne, que si une région proclamait la République, l'autre ne serait que faiblement ébranlée de cette révolution. Enfin les démocrates allemands étant presque tous des néo-hégéliens, qui veulent détruire à la fois la religion, la famille et la propriété, il s'ensuit que le nom de démocratie n'est prononcé qu'avec terreur par ceux même de leurs compatriotes qui sont le plus sincèrement libéraux.

La liberté vient d'être réhabilitée par Pie IX. Si de même le catholicisme réhabilitait en France la démocratie, s'il s'introduisait dans nos mœurs et dans nos lois, s'il inspirait notre politique, l'Allemagne suivrait probablement notre exemple, et ce serait un grand bonheur pour elle comme pour nous. En effet, le vœu capital, le besoin suprême de l'Allemagne, c'est l'unité. Or il est évident que ce vœu ne sera jamais réalisé tant que certaines fractions de la confédération demeureront monarchiques. Les Allemands ne pourront donc s'unir en un seul tout que sous un régime démocratique accepté par la nation entière; car il est certain que les pays d'Allemagne acquis déjà à la démocratie ne changeront pas d'opinion. Parmi les autres grands intérêts de l'Allemagne, les principaux sont l'alliance de la France, la sympathie de la Pologne, la paix avec l'Italie, un grand port sur la Méditerranée, la liberté du cours du Danube. Tous ces intérêts, maîtresse de l'Allemagne et de la France, la démocratie catholique les sauvegarderait. Il n'existerait plus alors de motifs d'hostilité ni même de méfiance entre les Allemands et nous. Cédant aux injonctions de la justice et de la raison, ce peuple rendrait alors l'indépendance aux Polonais et conserverait seulement sur eux, pendant quelques années, une espèce de protectorat bienveillant, afin qu'ils pussent résister aux complots des communistes, aux menées de la Russie, et anéantir chez eux les conflits de races en abolissant tous les priviléges. Reconstituée et régénérée par l'Allemagne, la Pologne deviendrait derechef le boulevard de l'Occident contre l'orientalisme ; tandis qu'elle est aujourd'hui bien près de former contre l'Europe l'avant-garde des czars. Alors les Allemands abandonneraient l'Italie en se réservant Trieste. Par là ils s'assureraient la possession de ce port, que l'on pourrait bien leur enlever si, au contraire, ils obligeaient la France à se liguer contre eux avec les Italiens. En compensation du royaume Lombard-Vénitien, si les Allemands recevaient pour un de leurs princes catholiques l'empire constitutionnel de Turquie, *cette transaction déterminerait la ruine du panslavisme russe, et la création d'une nouvelle puissance où la majeure partie de la population deviendrait bientôt libérale et catholique.*

Essayons de prouver l'importance et la possibilité de ces résultats en jetant un coup d'œil sur le nord et sur l'orient de l'Europe.

Après le radicalisme antireligieux et le communisme, qui ne sont, on s'en souvient, que la dernière expression logique du rationalisme, le danger le plus grave et le plus imminent qui menace la civilisation et la liberté c'est le panslavisme russe.

Je n'esquisserai pas ici l'histoire du prodigieux agrandissement de la Russie. Je n'exposerai pas par quels moyens iniques et révoltants cette puissance, à laquelle la Providence « semble destiner la moitié du monde, » et « qui se fait une arme de sa propre servitude, » s'est si gigantesquement accrue

« pendant que les regards étaient occupés ailleurs (1). » Je rappellerai seulement que cet empire, qui ne comptait en totalité que vingt-cinq millions d'habitants il y a un siècle, possède aujourd'hui en Europe soixante-cinq millions de sujets. Depuis quelques années, la Providence s'est véritablement plu à l'accabler de faveurs. Le commerce, l'industrie, les capitaux lui manquaient. Ses villes étaient isolées par l'énormité des distances; à cause du même motif, ses troupes, disséminées sur divers points, gisaient inertes, morcelées, et ne pouvaient faire la guerre à l'extérieur qu'avec un immense désavantage. La vapeur est venue unir en un seul tout ces membres épars et donner à ce grand corps l'opulence, la mobilité, la vie. Les sables de l'Oural ont fourni tout à coup plus d'or que n'en procurent annuellement toutes les mines du Nouveau-Monde prises ensemble. L'Occident même s'est vu forcé par une disette d'envoyer à la Russie une partie de ses capitaux. Tandis que les races occidentales perdent chaque année de leur vigueur, les Russes conservent une taille, une force extraordinaire. Ils se multiplient en raison presque double de la proportion observée dans le reste de l'Europe. Faut-il s'étonner encore que ce peuple se regarde comme privilégié de Dieu et se croie réservée une grandeur incommensurable?

(1) Expressions de M. de Tocqueville.

Or, la clef de sa force ou de sa faiblesse, la base indispensable de sa grandeur future ou l'élément de sa chute, c'est Constantinople.

Supposons les Russes à Constantinople. Ils englobent bientôt les seize millions de Gréco-Slaves de l'empire ottoman. Alors ils disposent de plus de quatre-vingts millions d'hommes; ils possèdent les positions du monde les plus faciles à défendre, les plus avantageuses pour l'offensive. Ils écrasent ou soumettent les Caucasiens; ils dominent la Perse. Leurs navires couvrent la Méditerranée. Qui les empêche de livrer à l'Angleterre un combat mortel en Égypte et dans l'Inde? L'Allemagne? Mais le premier soin de la Russie serait de pousser les Polonais contre l'Allemagne, en reconstituant le royaume de Pologne sous le gouvernement d'un prince russe; mais la Russie essaierait de même, non sans succès temporaire ou partiel, d'organiser un royaume tributaire roumano-illyrien et de soulever les populations gréco-slaves de la Hongrie. Croit-on que si les Russes étaient en possession d'une partie de la Turquie d'Europe, les Russines, les Valaques, les Slovaques, les Croates et même une partie des Bohêmes et des Polonais ne prêteraient pas l'oreille à ce terrible argument panslaviste qui les ébranle déjà aujourd'hui : « Demeurez ennemis des Russes, vous serez toujours opprimés par les Allemands, les Magyars ou les Turcs; devenez amis des Russes, vous serez avec eux les maîtres du monde? »

Une fois affermi dans ses conquêtes, ne serait-il pas en effet l'arbitre du monde, ce peuple innombrable de soldats, plein de foi et d'obéissance, gouverné comme un régiment par un chef absolu qui est en même temps son pontife suprême? N'est-ce pas déjà une force terrible que ces cinquante millions d'hommes homogènes de langue, de mœurs, de culte, de servilisme, qui ne possèdent rien en propre, et qui, par conséquent, au premier vœu de l'autocrate, mettraient joyeusement le feu à leurs chaumières pour aller prendre possession d'un plus doux climat et d'un plus riche pays?

Voyons cependant le revers de la médaille. Supposons qu'un prince allemand, catholique et libéral, tel que l'archiduc palatin de Hongrie, soit mis en possession de Constantinople par un coup de main concerté entre la France, l'Angleterre et l'Allemagne : en même temps, naturellement, la Posnanie et la Gallicie seraient rendues à la liberté.

Très-probablement c'en est fait du panslavisme russe et de l'absolutisme. Alors ces partis libéraux, que l'on nomme la jeune Illyrie, la jeune Roumanie, pourraient entraîner leurs compatriotes contre la Russie, ou du moins les maintiendraient facilement dans le calme. La Hongrie entière s'ébranlerait contre le moscovitisme et donnerait un puissant secours aux Polonais. Attaquées par les marines combinées de la France et de l'Angleterre, les forces navales de la Russie dans la mer Noire seraient probablement anéanties. Le Bosphore deviendrait inexpugnable et fermerait aux Russes la Méditerranée, ce grand canal commercial de l'Europe par lequel ils écoulent leurs grains, leurs métaux, leurs cuirs, leurs bois de construction. Les peuplades du Caucase, activement secourues, combattraient avec un nouvel acharnement. Soutenue par l'Allemagne, par la France et l'Angleterre, la Suède revendiquerait peut-être la Finlande, l'Estonie et la Livonie. Privée de commerce, n'ayant plus de marine, entourée de baïonnettes ennemies et de peuples affranchis, que deviendrait la Russie? Il ne serait nullement nécessaire de l'envahir pour diminuer sa puissance; il suffirait de la tenir bloquée par un cercle de fer. Alors, n'ayant plus de conquêtes à espérer, ce grand corps militaire se disloquerait de lui-même. Les Russes ne se soumettraient plus longtemps à cette discipline terrible qu'ils acceptent aujourd'hui par patriotisme. Ne pouvant plus être tyrans, ils ne voudraient pas demeurer esclaves. Le libéralisme qui s'était profondément enraciné chez eux sous le règne d'Alexandre renaîtrait de toutes parts. Mais cette réaction démocratique ne pourrait avoir lieu sans terribles excès. Éclairés sur leurs droits, les serfs demanderaient sans doute un compte sévère du passé. Ils voudraient se livrer à des représailles.

Une guerre sociale éclaterait probablement. On ne sait de quelle manière se reconstituerait le pays ; mais il est présumable qu'il serait largement entamé par le nouvel empire Byzantin, par la Suède et par la Pologne, et qu'ainsi le peuple russe ne serait plus désormais à redouter.

Le czarisme étant abattu et le panslavisme détrôné, la religion grecque, qui ne se propage que par la crainte et l'ambition, qui ne se soutient que par la violence et l'ignorance, perdrait bientôt la majeure partie de ses adhérents ; car on a vu revenir facilement au catholicisme presque tous les schismatiques grecs sur lesquels l'influence de la Russie ne pouvait plus s'exercer fortement. Ainsi, en Gallicie dix-huit cent mille Russines ont abjuré l'hérésie orientale ; en Hongrie et en Transylvanie, seize cent mille individus pratiquent déjà la religion grecque-unie, et tous les jours on voit dans ces pays de nouvelles conversions.

Ce système de politique sociale serait réalisable à cette seule condition que la France devînt promptement libérale et catholique. Plusieurs années de séjour en Allemagne et dans l'Europe orientale m'en ont convaincu. Mais nous sommes encore bien éloignés d'être franchement libéraux et réellement catholiques ; il faut donc s'attendre à ce que la Russie prenne les devants et se fortifie contre nous d'une manière formidable.

En effet (si nous en croyons M. Warnhagen d'Ense), dès l'âge de dix-sept ans, l'empereur Nicolas a été frappé de la conviction que le salut de la double couronne des czars et la grandeur de la Russie dépendent de la prise de possession de Constantinople. Aussi, à peine monté sur le trône, écrase-t-il les libéraux qu'Alexandre choyait. Il faut à Nicolas la dictature la plus absolue pour qu'il puisse réaliser ses vastes desseins. Il souffle son âme dans le sein de tout son peuple. Panslavisme! tel devient le cri national; Constantinople! tel est le but vers lequel soudain tout gravite. Argent, marins, soldats, commerce, industrie, tout prend le chemin de la mer Noire. On fait une guerre aux Turcs pour s'ouvrir le passage du Balkan. Pour obtenir la paix, ils sont obligés de démanteler toutes celles de leurs forteresses qui commandent les défilés de cette montagne et le cours du Danube. On s'empare du protectorat de la Valachie, de la Moldavie et de la Servie. On fait une guerre impitoyable aux peuples indépendants du Caucase. On crée dans le sud de l'empire des colonies militaires, d'immenses magasins, des places de guerre, un port de première classe et plusieurs autres secondaires. Des routes et des canaux relient ces établissements entre eux et les font communiquer avec les autres parties de l'empire. Une flotte considérable est construite dans la mer Noire; elle est aujourd'hui armée d'environ deux mille cinq cents canons, et chaque jour on l'augmente, surtout en navires à vapeur, depuis que l'on a découvert de vastes lits de charbon en Imérétie. On travaille à un chemin de fer gigantesque, qui va unir Sébastopol à Saint-Pétersbourg, et se bifurquer sur Moscou et sur Varsovie. Si l'attaque est activement préparée, on songe aussi à la défense. Plusieurs nouvelles forteresses, des camps retranchés, des magasins sont établis sur les rives du Dniéper, du Niémen, de la Vistule, du Bug, de la Bérésina, et contre les frontières d'Autriche et de Prusse. Le chemin de Varsovie à Smolensk, autrefois presque sans défense, se trouve actuellement barré par trois lignes de postes retranchés. Enfin, les moindres germes de rébellion sont dissous avec une inflexible énergie. Nicolas veut fondre en un seul moule les croyances et les sentiments de ses sujets, afin de pouvoir disposer de tout son peuple comme d'un seul homme lorsque le moment de marcher en avant sera venu.

Mais quand viendra cet instant? Probablement lorsque le chemin de fer que l'on nomme audacieusement chemin de Constantinople aura été achevé; à moins que des mouvements panslavistes très-graves n'éclatent en Hongrie, en Pologne, ou dans les principautés danubiennes, et ne précipitent le dénoûment.

Si notre République s'était organisée sans secousses ; par la seule force d'expansion qu'elle eût donnée aux idées libérales, les plans de la Russie auraient été déjoués et l'absolutisme probablement anéanti. Mais, dès ses premiers pas, la République française ayant trébuché sous les coups des socialistes et le mouvement libéral ayant rencontré partout les mêmes obstacles, les Russes ont eu le temps de respirer, de se concentrer, de renouer plus fortement leurs trames panslavistes. Menacée par nos radicaux, l'aristocratique Angleterre s'est rapprochée de la Russie. Nous avons cru n'avoir rien de mieux à faire que de nous poser en ennemis de la maison de Lorraine-Habsbourg et par suite de l'Allemagne méridionale, pour nous arroger le protectorat de l'Italie, qui ne veut pas de nous, et de la Pologne, que nous ne pouvons pas secourir sans l'appui des Allemands. Emportés ainsi par les préjugés du radicalisme antireligieux, nous avons perdu la meilleure et la plus utile partie de notre influence. De fait, les ultra-radicaux et les panslavistes sont coalisés contre la civilisation et la liberté.

Il est en effet singulièrement à craindre que dans leur hâte d'organiser partout des républiques socialistes et démocratiques, chose qu'ils croient très-belle et très-possible, les ultra-radicaux n'excitent des soulèvements dans les pays slaves. Dans presque toutes ces contrées, il y a déjà une grande fermentation : une étincelle pourrait allumer un incendie.

Là il n'existe point de classe bourgeoise , de haute industrie qui puisse atténuer les frottements entre les paysans, victimes d'une oppression séculaire, et les gentilshommes, dont plusieurs n'ont pas même le sentiment des violences qu'ils exercent. Là, par conséquent, il n'y a point de classe intermédiaire éclairée, civilisée, adroite, qui puisse modérer le peuple, le diriger, profiter de son triomphe s'il brisait le joug de l'aristocratie. Ainsi, l'insurrection du peuple dégénérerait en horrible jacquerie. Les gentilshommes, étant disséminés et peu nombreux, seraient en majeure partie ruinés et exterminés. Or ce sont uniquement les gentilshommes qui, dans presque tous ces pays, ont des tendances libérales (1) et sont ennemis de la Russie. De toute façon, le conflit tournerait au profit des Russes : soit que la Russie s'interposât entre les Allemands et les révoltés et prît sous sa protection ces derniers, qui suivent en général le rit grec ; soit qu'elle embrassât la cause des seigneurs contre les paysans et s'acquît ainsi la sympathie des débris de la noblesse magyare ou slave. Dans ce dernier cas même, les punitions infligées par les Allemands aux paysans révoltés jetteraient bientôt ceux-ci dans les bras de la Russie.

L'Angleterre balance évidemment dans ce moment entre une alliance avec la Russie et une coa-

(1) D'après ce que nous venons de dire, on conçoit que ce libéralisme est encore peu éclairé.

lition avec les puissances germaniques. Si ces dernières sortaient victorieuses de la crise actuelle, les Anglais, pouvant compter sur elles, se contenteraient probablement de beaucoup de procédés polis vis-à-vis de la Russie et n'en exerceraient pas moins à son égard une énergique surveillance. Ils savent fort bien que s'ils étaient obligés de souffrir la Russie à Constantinople, une lutte formidable s'établirait bientôt entre eux et le panslavisme. Mais ils calculent aussi que dans ce cas ils s'empareraient de l'Égypte et d'une partie de la Syrie; chose qui leur serait aisée, car ils peuvent attaquer à la fois ces deux pays par la Méditerranée et par la mer Rouge. Comme la Russie ne pourrait, dans les premiers moments, s'occuper d'autre chose que de l'accroissement de sa marine et de l'organisation de ses conquêtes, les Anglais songent qu'ils pourraient pendant ce temps-là jeter des brandons de discorde sur plus d'un point de l'immense empire et, peut-être, le frapper à un défaut de sa cuirasse de la massue du libéralisme. Enfin la grandeur même de ce combat pour la domination du monde doit séduire l'imagination, flatter l'orgueil britannique. Vainqueurs, ils dominent la Méditerranée, deviennent vraiment les rois des mers et, considération bien puissante! ils acquièrent beaucoup de forces contre le chartisme.

Le chartisme, en effet, ce flot qui monte lentement, sourdement, mais qui mine déjà la base sur laquelle est édifiée toute la puissance de la magnifique Albion, le chartisme s'accroît ou diminue selon que prospère ou décline l'industrie anglaise. Mais la production manufacturière de l'Angleterre est tellement exorbitante que presque tous les pays du monde doivent être ses tributaires, sinon il y a encombrement et souffrance. Pour vivre, l'Angleterre est donc forcée de conquérir et de conserver la dictature des mers.

Par conséquent, elle est notre ennemie innée; car nous avons aussi de grandes industries à protéger et à développer. Notre position nous fait un devoir et nous rend possible d'acquérir la prépondérance dans la Méditerranée; nous sommes les alliés naturels de toutes les autres puissances maritimes contre l'Angleterre. Son gouvernement est donc obligé de semer sans cesse la désunion entre nous et les principaux États de l'Europe; il est même intéressé à ce qu'une paix stable ne s'établisse pas sur le continent, puisque la concorde aurait pour résultat de déterminer l'essor du commerce et de l'industrie chez les nations continentales, ce qui refoulerait les produits anglais. Enfin, il faut, pour le salut de l'Angleterre, que notre marine soit constamment réduite à l'infériorité; car si nos forces navales étaient à peu près égales aux siennes, chaque vaisseau que nous construirions de plus qu'elle serait une de ces tours de bois que les assiégeants poussaient jadis contre les murs des villes auxquelles ils livraient assaut. Depuis l'invention de la vapeur, l'Angleterre n'est nullement inexpugnable; il est donc naturel qu'elle nous surveille d'un œil craintif, méfiant et jaloux.

Dans notre première révolution, nos démagogues la sauvèrent. En poussant la noblesse à l'émigration, en détruisant à Quiberon tout l'état-major de notre marine, en donnant le commandement des vaisseaux à des gens incapables, ils causèrent l'anéantissement de l'excellente et magnifique flotte que Louis XVI possédait. Grâce à eux, l'Angleterre fut libre de parcourir en souveraine toutes les mers pendant vingt ans, et de se choisir à peu près sur tous les rivages du monde les colonies et les points importants où il lui plut de s'établir.

Les ultra-radicaux de notre seconde révolution commencent à rendre à l'Angleterre un service analogue. La misère et l'irritation devenaient grandes dans ce pays. Le chartisme levait la tête, l'Irlande s'agitait, les fabriques étaient encombrées, le crédit souffrait; il y avait une disette de capitaux, la confiance était ébranlée. L'Allemagne et l'Italie marchaient à grands pas vers l'unité. Si la France était demeurée tranquille, par l'admiration et l'amour des peuples elle eût été naturellement conduite à s'interposer comme médiatrice entre les Italiens et l'Au-

triche; sa médiation acceptée eût probablement
amené la paix, et bientôt l'industrie eût fleuri sur le
continent. Mais dès le lendemain de la révolution,
voilà que les menées des terroristes et des communistes répandent l'alarme dans Paris; des agents
détestables sont imposés comme dictateurs aux provinces; un vaste complot antisocial s'organise sous
l'œil négligent et peut-être coupable du pouvoir; il
éclate, inonde de sang la capitale de la France et
du monde civilisé. La joie et la confiance générales
disparaissent chez nous; elles renaissent en Angleterre. Nos fabriques s'arrêtent, nos capitaux émi-
grent, notre crédit est ruiné; chacune de nos pertes
profite à l'Angleterre, qui jouit dans ce moment
d'une phase inouïe et inespérée de prospérité.

Cependant, que l'on ne s'y trompe pas, ce bonheur sera de courte durée. « A mesure que se sont
» développés les principes régulateurs de la société
» anglaise, » dit un publiciste éloquent, « on a en-
» tendu sortir, d'abord faibles et inarticulés, mais
» bientôt amers et foudroyants, les gémissements
» d'une foule immense d'infortunés déshérités des
» biens de ce monde..... Bientôt il a fallu inventer
» une nouvelle langue pour décrire les souffrances
» de ces races innommées, et le mot paupérisme
» fut trouvé. Et cependant la lèpre grandissait, le
» flot montait toujours, menaçant de tout envahir,
» d'emporter avec lui et les institutions, et l'aristo·

» cratie altière, et la bourgeoisie opulente, et la
» liberté elle-même, cet ange terrestre descendu sur
» les ailes du christianisme. Et en vain les hommes
» d'État consument leurs veilles dans la recherche
» d'un remède à ces maux incalculables ; en vain
» les économistes se posent la solution de ce pro-
» blème insondable, le marasme gagne insensible-
» ment toutes les parties de l'organisation sociale ;
» la vie s'épuise et s'éteint, la nuit se fait, les hom-
» mes d'État se récusent, la royauté se tait impuis-
» sante. Au dehors et au dedans, l'égoïsme a fait
» son temps. Les fruits de l'orgueil s'échappent, ré-
» duits en poussière, de nos mains ; l'arbre se des-
» sèche et s'étiole (1). »

Oui, chez les Anglais comme ailleurs, l'égoïsme
a fait son temps. Les plaies intolérables et pourtant
inguérissables de l'Irlande se communiquent à son
altière voisine et lui gangrènent déjà le plus pur de
son sang. Oui, l'arbre se dessèche et s'étiole. C'est
encore un tronc majestueux qui étale un vaste dôme
de feuillages ; mais déjà le chartisme l'a troué jusqu'au cœur ; l'eau du ciel tombe goutte à goutte
dans l'ouverture et le ronge. Un jour viendra, et
bientôt peut-être, où l'écorce de l'arbre, tordue par
la tempête, éclatera, et ne laissera voir à l'intérieur
que cendre et pourriture. Considérations religieuses,

(1) Ces paroles sont tirées de *l'Ère nouvelle* du 27 mai ; nous
les croyons du R. P. Lacordaire.

observations politiques et comparaisons historiques, tout prédit à l'Angleterre une prochaine et terrible chute.

Est-il présumable, en effet, que la grandeur anglaise se soutienne longtemps encore, lorsque l'essor de la France, la paix sur le continent, l'agrandissement de la Russie, l'accroissement des États-Unis peuvent la frapper de coups mortels? Est-il vraisemblable que l'Angleterre échappe au destin de Tyr, de Carthage, de Venise, de Gênes, de la Hollande, de tous les États qui puisèrent uniquement dans l'industrie et dans le commerce maritime une étonnante mais éphémère splendeur?

Catholique et libérale, la France affaiblirait le pouvoir des Anglais, par ce seul fait qu'elle serait alors sage, industrieuse, prospère sous un régime démocratique; car dès lors le protestantisme fléchirait sous le catholicisme irlandais, et l'aristocratie britannique céderait de gré ou de force à des réformes ou à des révolutions qui lui enlèveraient le gouvernail. De quelque manière que la France se conduise, l'Angleterre appartiendra sans doute tôt ou tard à la démocratie; et il est à craindre que cette transformation sociale ne s'opère pas sans longs troubles ni sans carnage : car le régime aristocratique anglais est puissamment organisé et en état de soutenir plus d'un rude assaut; d'un autre côté, l'Angleterre a trop longtemps péché par l'égoïsme et l'orgueil pour que la Providence ne lui réserve pas un châtiment terrible.

Pour prévenir les malheurs quis'amoncellent sur sa tête, et dont elle ne connaît pas la gravité, il ne reste, à mon avis, qu'un moyen de salut à la hautaine Albion : le retour au catholicisme. Par là, l'Irlande deviendrait réellement sa sœur ; on s'occuperait de moraliser les ouvriers ; on travaillerait, d'en bas, à conquérir avec patience ; d'en haut, à procurer, avec abnégation et justice, une part d'aisance, de savoir, de bien-être et de pouvoir. Enfin, la charité s'introduirait dans la société anglaise et y ferait des miracles. Hélas! tout occupée de calculs et de jouissances matérielles, l'Angleterre est bien loin de songer à ce moyen de salut. Un nombre considérable de conversions a lieu chaque année ; mais le retour au catholicisme n'est nullement général. Il est présumable que les Anglais ne reviendront à la vraie foi qu'après avoir subi de profondes humiliations et de grands désastres.

C'est aussi notre opinion touchant les Russes. Le peuple, dont tout le crime est l'ignorance, sera peutêtre épargné. Quant à la noblesses, il est possible qu'elle promène encore une fois par l'Europe ses vices, son insolence et ses victoires ; mais il me semble présumable qu'elle sera avant peu victime de ses violences séculaires et de sa non moins séculaire bassesse.

Le mouvement libéral-catholique qui se propage parmi les Polonais depuis quelques années a été assez puissant pour éloigner de ce peuple et de l'Europe un grand péril, la russification de la Pologne. Si ce mouvement prenait les développements qu'il est permis d'espérer, il ne serait pas impossible qu'il pénétrât jusqu'au cœur de la Russie. Il est évident que la chute du czarisme, l'établissement d'un régime libéral en Russie y détermineraient sur-le-champ un acheminement prononcé vers le catholicisme.

Ainsi, chez toutes les grandes puissances qui gisent au nord et à l'est de la France, l'influence du catholicisme libéral nous assurerait l'alliance des peuples, émanciperait et moraliserait les classes indigentes, rétablirait l'équilibre en Europe en diminuant les forces de la Russie et de l'Angleterre.

Nos voisins méridionaux voient en ce moment en Italie un éclatant exemple de ce que peut produire l'alliance du catholicisme et de la liberté.

Depuis plusieurs siècles, ce beau pays était la proie des étrangers. Allemands, Espagnols, Français s'en emparaient tour à tour en profitant de ses dissensions. Il y avait en Italie des Piémontais, des Génois, des Lombards, des Vénitiens, des Toscans, des Romains, des Napolitains; mais des Italiens, il n'en existait pas. Les habitants des divers États se détestaient à peu près aussi vivement entre eux qu'ils haïssaient les conquérants du jour. Jusqu'à notre époque, ces rancunes invétérées avaient porté les rares patriotes italiens à désespérer de l'affranchissement de leur pays. Les plus hardis d'entre eux essayaient vainement d'exciter des insurrections générales. Malgré tous les soins qu'ils se donnaient pour ourdir de vastes complots, lorsqu'il fallait descendre sur le champ de bataille, la prise d'armes demeurait partielle, et l'on comptait parmi les insurgés quasi plus de chefs que de soldats. Tout à coup un catholique libéral monte sur un des trônes d'Italie : ce n'est qu'un prêtre pacifique par devoir. Au sein de son pays même un grand nombre d'hommes influents regardent sa couronne temporelle comme un fatal anachronisme ; son autorité civile est le plus impopulaire des pouvoirs ; et, cependant, à peine a-t-il prononcé les mots : « Italiens, unissez-vous par un mutuel amour, consacrez-vous à Dieu et à la liberté ! » que le vieux génie romain se réveille ; les peuples séparés s'enguirlandent ; la nation italienne sort du tombeau, et du premier pas repousse jusqu'aux Alpes les légions germaniques.

Mais un moment après cette résurrection triomphante, l'Italie s'arrête. Un malaise indicible se glisse dans tous ses membres et l'engourdit. Se ennemis reprennent courage et recommencent la lutte avec un acharnement soutenu par un renaissant espoir. Quelle est la cause de cette halte fatale? Ah! c'est la même qui retarde partout l'avénement de la liberté : c'est que de France et de Suisse le radicalisme rationaliste a ranimé parmi les Italiens les discordes passées et les a poussés à la révolte, nonseulement contre des princes constitutionnels, mais encore contre l'autorité la plus douce et la plus utile, contre leur auguste libérateur. Ainsi nous voyons se manifester avec éclat, sur ce terrain illustre et important, les effets opposés du rationalisme et du catholicisme. Je crois fermement que la victoire se déclarera définitivement en faveur du bon principe ; mais il faut s'attendre à ce qu'elle soit longuement et opiniâtrément disputée.

Il a été fatal pour les Italiens que leur mouvement de renaissance ait coïncidé avec le succès du parti unitaire suisse. Comme tous les grands partis, celui-ci devait aussi sa formation à une idée juste et vraie, à la nécessité de réformer la constitution helvétique et de concentrer les forces nationales ; mais, égarés par l'influence des néo-hégéliens et de nos pseudo-libéraux, les unitaires suisses ont attaqué la religion en même temps que la décentralisation et l'aristocratie. C'est pourquoi ils ont commis, après leur facile triomphe, des excès inqualifiables, qui ont soulevé contre eux l'indignation de tous les gens de bien; c'est pourquoi ces vainqueurs de la veille, déjà divisés entre eux, voient leur pays, si florissant naguère, menacé de tomber au pouvoir des communistes et de l'anarchie.

C'est de la France pseudo-libérale que s'est principalement infiltré le mal en Suisse : ce mal, il faut espérer que la France libérale et religieuse le réparera.

Nous pouvons être aussi pour beaucoup dans la régénération d'un autre pays, qui n'est pas moins notre allié naturel que l'Italie et la Suisse. Depuis plus de deux siècles, la malheureuse Espagne ne change guère de face; on y voit toujours des souverains faibles, des ministres inhabiles, un scandaleux favoritisme, des lois incohérentes, des provinces en rivalité, un clergé ignorant, une aristocratie abâtardie, une administration impuissante, une justice vénale, un peuple arrogant et paresseux, des déserts qui s'accroissent et des ruines qui s'amoncellent.

Depuis quelques années, cependant, il se manifeste des symptômes et des éléments de renaissance. Le despotisme a été remplacé par un régime constitutionnel; l'aristocratie se forme aux affaires; le clergé est plus tolérant et un peu plus instruit; quelques-uns de ses membres, tels que l'illustre Balmès, professent avec succès le libéralisme catholique; il y a des propensions évidentes vers l'unité nationale. Or, si l'Espagne, en demeurant religieuse, parvient à devenir unie, son admirable position et sa fertilité lui rendront sans aucun doute, en peu de temps, de la richesse et de l'importance ; elle sera même promptement à la hauteur de sa mission sociale, qui est de s'allier étroitement à la France pour dominer la Méditerranée, pour protéger l'Italie contre les Allemands, la Turquie et la Grèce contre la Russie, l'Égypte contre l'Angleterre ; enfin pour patroner le catholicisme dans tout l'Orient.

Mais la religion catholique a-t-elle de l'avenir en Espagne? Quelques publicistes pensent le contraire, et ils s'appuient sur l'observation que le rationalisme a gagné les hautes classes de la nation. Je ne partage pas cette opinion contristante : je suis persuadé qu'une réaction religieuse ne tardera pas à se faire sentir au sein de l'aristocratie espagnole. D'ailleurs, à notre époque, l'exemple de la noblesse exerce peu d'influence sur le peuple. Je ferai remarquer, en outre, qu'une foi mal-entendue, une protection déshonorante et une adhésion hypocrite nuisent plus à la vraie religion qu'une guerre ouverte ; c'est pourquoi les intérêts du pur catholicisme me paraissent moins compromis actuellement en Espagne qu'ils ne l'étaient au temps des auto-da-fé.

CONCLUSIONS.

Résumons ce chapitre et les précédents.

Les causes capitales de troubles, de guerres et
de malheurs, qui subsistent actuellement en Europe,
sont : les prétentions des Allemands sur le royaume
Lombard-Vénitien, l'asservissement et le démembrement de la Pologne, la production manufacturière
effrénée de l'Angleterre, l'agrandissement prodigieux, la constitution absolutiste et militaire de la
Russie, ses tendances à une dictature continentale,
et surtout le radicalisme rationaliste.

Il est de l'essence même du libéralisme catholique
d'attaquer directement ces iniquités, ces fatales dispositions, de dissiper complétement ces dangers.
Lui seul peut rendre possible d'établir en Europe le
règne de la démocratie, qui n'est autre chose que
le règne de la justice et de la charité ; progrès social
suprême vers lequel notre siècle est poussé par la
main de Dieu : c'est donc aux doctrines libérales-

religieuses que la société moderne viendra demander son salut, après avoir vu tour à tour avorter toutes les conceptions du sensualisme et de l'orgueil.

Catholiques français, travaillons donc avec un inextinguible courage à la sublime renaissance du xix siècle : elle va balayer infailliblement cette influence païenne qui, depuis trois cents ans, avait rabaissé vers la terre les goûts et les passions des hommes. Soumettons-nous avec une joyeuse résignation aux châtiments que la Providence nous inflige. Dégagés du souci des biens terrestres par l'expérience de leur instabilité, plongeons le regard dans le lointain, et considérons seulement la couronne réservée à notre patrie. Elle sera sauvée, cette France aveugle et coupable encore, mais pour laquelle vient de couler le sang du martyr de la charité. Oui, croyons-le, la flamme évangélique descendra dans le sein de la France : les langues de feu de l'esprit se reposeront sur ses lèvres. Alors elle quittera le glaive pour la truelle : architecte inspiré de Dieu, elle jettera d'une main religieuse et hardie les fondements de cette société nouvelle qui va se construire et s'élever vers le ciel; de cette société, dont les matériaux seront les aspirations des âmes fortifiées par l'humiliation ou la solitude, épurées par le repentir ou le malheur, transfigurées par l'esprit de pauvreté et de fraternité.

Si donc nous savons à peine balbutier la parole du

prosélytisme, à peine ébaucher l'œuvre du dévouement, catholiques libéraux, consolons-nous. Nous
combattons pour une vérité immortelle : notre cause
triomphera malgré l'insuffisance de ses défenseurs.
Champions de Pie IX et de la renaissance chrétienne,
croisés du xixᵉ siècle, qui marchons à la conquête de
l'union dans la liberté, ne reculons jamais : rappe-
lons-nous ces insurgés terribles tout à coup désarmés
par l'oblation d'un soldat de la charité. Sachons
imiter son exemple, et, soyons-en sûrs, la colère et
la puissance de nos aveugles ennemis s'évanouiront
devant nos minces bataillons.

TABLE.